新京报

品质源于责任

2003.11.11-2013.11.11

洞察

评论卷

新京报社◎编

本书主编　曹保印

执行主编　尹武进

编　　辑　赵勇力

中国发展出版社

CHINA DEVELOPMENT PRESS

图书在版编目（CIP）数据

洞察：评论卷 / 新京报社编. —北京：中国发展出版社，2013. 11

（新京报十周年丛书）

ISBN 978-7-5177-0026-5

Ⅰ. ①洞…　Ⅱ. ①新…　Ⅲ. ①评论性新闻—新闻写作　Ⅳ. ①G212.2

中国版本图书馆CIP数据核字（2013）第239233号

书　　　名：洞察（评论卷）
著作责任者：新京报社
出 版 发 行：中国发展出版社
（北京市西城区百万庄大街16号8层　100037）
标 准 书 号：ISBN 978-7-5177-0026-5
经　销　者：各地新华书店
印　刷　者：三河市文昌印刷装订厂
开　　　本：700mm × 1000mm　1/16
印　　　张：13.25
字　　　数：221千字
版　　　次：2013 年 11 月第 1 版
印　　　次：2013 年 11 月第 1 次印刷
定　　　价：30.00元

联 系 电 话：（010）68990535　68990692
购 书 热 线：（010）68990682　68990686
网 络 订 购：http：//zgfzcbs.tmall.com
网 购 电 话：（010）68990639　88333349
网　　　址：http：//www.develpress.com.cn
电 子 邮 件：10561295@qq.com

宁鸣而死，不默而生

新京报创刊十年，新京报评论也奔走十年，一日不曾停歇，哪怕在春节这样应该莺歌燕舞的日子。

现在呈现在你面前的这本书，就是新京报十年评论作品的“代表者”。在浩瀚数千万字的评论作品中，这十来万字的内容，其实并不能对新京报评论进行精准描述，但窥斑知豹，从中捡拾十年记忆，也是一件有点意义的事情。

和新闻报道一样，新闻评论同样记录着“正在发生的历史”。十年记忆，复原的不仅仅是对一份报纸评论的点点滴滴，也是抚摸一个国家成长的年轮。

转型期的中国，一些落后的、错误的观念需要摈弃，更多新的理念需要树立；而旧观念并不肯自愿谢幕，开启人们的心智、以先进理念如春风细雨般滋润社会的每个细胞，力促整个社会形成对国家未来发展路径的共识，就成为新京报时事评论无可推卸的使命。

新京报评论一直努力践行“立于北京而怀远，彰显法治和人文，积极稳健有见地”的理念。负责任地引领舆论潮头，第一时间对热点事件发声；不偏激，不偏执，不图一时痛快，不奢望毕其功于一役，更看重“蜗牛般的进步”；崇尚建设性，不讽刺挖苦、冷嘲热讽，专业性地提供解决问题的途径和思路，拒绝道德审判和媒介审判。

十年，在中国媒体的“声音广场”上，新京报总是有着一席之地。而未来媒体的发展，面对新媒体的咄咄逼人，这一席之地能坚守多久?

没有标准答案。但我们知道，这个世界总是需要声音，谁也扼不住人类的喉咙，更不用说在人人都有麦克风的时代；正如“人人都会做饭，但厨师从来就不会绝迹”一样，专业化的声音总是会从嘈嘈杂杂的舆论场上脱颖而出，人们也一定会向着那些真诚的、理性的、能带来新的认知的声音奔去。

这才是“新评论”的价值。社会的发展也必然要求新闻评论与时俱进。就写作者而言，此前评论仅仅是媒体评论部的“职业写作”，后来扩大到社会各界，谓之“公民写作”。现在，更多从事专业研究的知识分子正在把头从书本上抬起，进入评论写作，拜网络或纸媒之赐，可以在书斋里“演讲”。新京报评论，不过是为他们提供了一个面向广场的扩音器而已。

只要“新京报评论”的品牌在，这些“演讲者”的声音是出现在“纸”上还是未来出现在网上，真的并不重要。

感谢所有为“新京报评论”呕心沥血的人。包括先写稿后吃饭的诸位作者，包括视评论为报纸灵魂的报社领导，包括日日“痛并快乐着”的编辑部里已经离开或还在坚持的可爱的同事。

十年，曾经携手；未来，仍会并肩。因为，宁鸣而死，不默而生，这是评论者的信条。

王爱军（新京报副总编辑）

2013年10月

Contents 目录

让人民有一个可以信赖的地方去讲道理。一般情况下，如果可以讲道理，人民就绝不会不讲道理。

新京报

品质源于责任

新京报十周年丛书

第一章：时事锐评

庙堂之上任何正确、英明的决策，必定会成为他们任何一种肆意行为的外在标签，反正解释权在他们自己那里。

“人民的尊严”当然不仅仅是指吃饱肚子的尊严，也是政治自由和民主权利的尊严。

改革突破口并不缺乏，只要想改革，任何一个领域都可以成为改革突破口。

“房姐”何以能有41套北京房产

刊发日期：2013年2月1日
作者：匡贤明

41套房产，9666.6平米，“房姐”龚爱爱在京房产确切数字的披露，犹如投下一颗“震撼弹”。当许多“北漂”还在为方寸栖息之地而奋斗、许多北京户籍人口家庭还在为孩子的婚房而发愁时，房姐龚爱爱一人的部分房产，却堪比上百家庭的总和，这叫人情何以堪。

公众最关心的，无疑是龚爱爱购买这些房产的钱，来源是否合法，有关部门应全面追查，给公众一个结论。与此同时，人们更需关注“房姐”产生的土壤。正是在这个土壤里，真正深究下去，恐怕还隐藏着更多的“龚爱爱”。

“房姐”产生的土壤，一方面是财富产生的机制。转型时期，由于相关体制的不完善，财富形成与积聚呈现出其某些独特之处。例如，资源要素名义上归全民所有，但实质上其收益权却被少数人分享。如果公共资源被个别部门、地方甚至行业等少数人占有，必然带来严重的社会不公。

“房姐”的起家之处，就与公共资源的合理收益机制严重缺失直接相关。要合法地获得北京9666.6平米的房产，作为一般人，几乎是不可能的事。龚爱爱的途径就是在与公共资源收益分享中获得超额的收益。

根据相关报道，龚爱爱的一部分财富，是伴随着神木这座城市的财富一起扩张的。全球能源格局变化下的神木，其拥有的煤炭资源成为黑黄金。而龚爱爱上任副行长的时间，与其兄弟龚子胜开始斥巨资控股大砭窑煤矿的时间一致。煤炭价格的快速上涨带来的巨额收益，不能通过有效的机制转化为全民财富，而是富裕了房姐这样一群人。这样的财富积聚，不仅很难获得道义上的正义，而且很容易形成体制机制性腐败。

“房姐”龚爱爱产生的体制土壤，另一方面是房产税的缺位。退一步，即便龚爱爱的收入完全合法，其在北京购买房产也完全合法，但房产税的缺失，客观上扩大了贫富分化。在快速增长的北京房地产市场上，龚爱爱的房产投资无疑享受了巨大的收益。但房产税的缺失，使其房产持有成本几乎为零，无疑鼓励了大量富人投资于房地产，客观上又拉升了一个区域的房价。在这种情况下，即便采取行政式的调控方式，恐怕也很难阻止房产的投资涌入。如果真像许多国家那样，房子越多税率越高，甚至到别墅收 7%，1 亿元的豪宅每年要交税 700 万，每个月交 60 多万。在这种税收制度下，若像房姐那样大量囤房，估计交税就能交得她破产，她肯定不愿意买那么多房子。

“房姐”产生的体制土壤，还有其他，比如不公开透明的财产制度等。要消除“房姐”现象，关键不在于对她这个人如何处理，关键在于如何尽快消除这一现象产生的体制根源。正是从这个意义上说，十八大提出的尽快完善公共资源出让收益共享机制，是消除“房姐”现象的关键。其基本目标就是，公平、合理地配置公共资源，其收益不能由少数人所享受；相当多的专家也建议，尽快在试点的基础上推广房产税，使一个拥有近万平米房产的人，在享受到城镇化益处的同时，也支付相应的税收，体现公平与正义。

改革动起来，才是最重要的

刊发日期：2012 年 11 月 24 日
作者：匡贤明

国务院召开全国综合配套改革试点工作座谈会，李克强副总理在会上强调，改革是中国最大的“红利”。

中国过去 30 余年高速增长，根源于改革红利，根源于制度改善带来的交易成本的大幅度降低。一个最简单的对比就是：改革开放前，我们劳动力成本更低，土地免费，全球化方兴未艾，但国民经济却一度到了崩溃边缘；而改革开放以来，劳动力的价格、土地价格总体上呈现上升态势，但经济却高速增长。

因此，没有改革的突破，劳动力价格再低，全球化进程再顺利，中国恐怕也很难享受到。所谓“要素红利”、“全球化红利”等，不过是改革红利的一个个具体体现。

后发优势本质是改革红利。尽管我们推进改革 30 余年，但作为一个转型大国，客观地看，中国还有相当多的制度存在这样那样的问题，还有相当多的制度使经济增长和社会发展的交易成本居高不下……

经济领域中，政府与市场的关系远未理顺，政府强势干预市场、扭曲市场的事情屡见不鲜；社会领域中，“强政府—弱社会”制约着社会的自我发展；除此之外，政府部门自我利益化倾向突出，职能没有完全理顺，权力运行与权力结构失衡，已经影响到发展全局。

凡此种种，无一不是发展的拦路虎。但换个角度看，这也是我们的后发优势所在。只要按着这个菜单，一个一个地改，一项一项地改，在边际上不断地降低交易成本，我们发展的潜力仍然很大。而这个基于体制机制改革的红利，足以支撑我们未来 5 ~ 10 年中速增长的基本态势。

获取改革红利，需要的是改革的决心。我们反复强调过，改革突破口并不缺乏，只要想改革，任何一个领域都可以成为改革突破口。一句话，不改革的理由千千万万，改革的理由只有一条，那就是肯改革、愿改革。李克强同志说：“改革如逆水行舟，不进则退”、“我们身上责任重大，必须往前走，必须勇于试，这是我们的责任所系。不干可能不犯错误，但要承担历史责任”等表态，是在向社会明确传达改革的决心。

获取改革红利，最重要在于改革要动起来。“一步实际行动胜过一打纲领”，我们乐见政府积极的改革态度，更乐见政府积极的改革行动，尤其是乐见政府打破自身利益的行动。唯有政府打破自身利益，才能打破现有利益格局，才能使政府成为改革强大的动力之一。未来一两年，适应社会需求，尽快在收入分配改革、垄断行业改革、社会组织发展、财政预决算公开透明化、政府官员财产公开等方面，扎扎实实地一个一个突破，一个一个解决，一个一个地释放制度红利。在这方面，改革的速度并不是最重要的，改革动起来，才是最重要的。

过去 30 年已经证明，改革是中国最大的红利，未来将再次证明，改革依然是中国最大的红利。但这个红利不会自动变现，它需要各级政府以“时不我待”的紧迫感，把改革作为头号工程，改变“久议不决、决而不行、行而不破、破而无功”的状态，真正按着经济社会发展的客观规律，大胆地试，大胆地闯。

选举权是一切民主权利的“母权”

刊发日期：2010 年 3 月 9 日

作者：计伟民

全国人大常委会副委员长王兆国就修改选举法草案作说明时称，实行城乡按相同人口比例选举人大代表的客观条件已经具备。温家宝总理在今年政府工作报告中亦说，“要发展社会主义民主，切实保障人民当家作主的民主权利，特别是选举权、知情权、参与权、表达权和监督权。”这段论述被普遍解读为提出了民主权利的“五权”概念。与后四项晚近几年才进入公众视野的民主权利概念相比，选举权其实早就为人们所耳熟能详，今年两会高调纳入公民民主权利谱系，且居于首位，意义深远。

其中缘由，当可用选举权之重要性来解释。选举，是民主的源头，选举权，则是公民政治权利的基石，堪称一切民主权利的“母权”，这些都是无需赘言的政治常识。强调这一常识固然体现了执政者对于民主的认同，但更多传达的应当是改善选举权实践生态的清晰信号。

目前，公民选举权运用最为频繁的领域是选举各级人大代表。我们远超许多国家的高参选率，从一个侧面证明了选举权的普遍性已在我国得以实现。但也应当看到，一些地方在高参选率掩盖下的形式主义、权力操纵等选举弊端，已经严重伤及公民的选举权利和政治热情。

这样的现状，当然与选举制度不尽完善有关。从历史上看，我国公民选举权的实现程度与国家政治民主化、现代化进程相伴相行，并具体反映于选举法律的不断变动。1979 年出台的《选举法》已 4 次修改，历经 30 年时光流转，渐次拓展开了更加民主、更加开放的选举制度空间。在此次人代会上，《选举法》还将进行第 5 次修改，其核心变化是实行城乡按相同人口比例选举人大代表。而平等性正是选举权普遍性之外的又一重要原则，至少在制度层面，这可以视为保障公民选举权、推进民主政治的一个重要历史拐点。

但是在中国的现实语境下，对于城乡“同票同权”之类的制度变革，恐怕还不能过度乐观。与选举制度的点滴改进相比，更为紧要的也许是如何真正尊重既有的选举权制度设计，并使其在民主的轨道上真正运转起来。与保障选举权的普遍性、平等性相比，更为迫切的也许是如何捍卫选举权的真实性、有效性。

应当看到，实践中出现的一些地方选举失真等不正常状况，在很大程度上与公民选举权受到不当控制和压抑有关。比如，在候选人提名环节过于浓厚的“指选”、“派选”色彩，选民与候选人之间缺乏知情和沟通所造成的隔膜，竞争性不足的选举生态，颇遭诟病的“官员代表”、“老板代表”现象，乃至“用脚投票”的厌选心理……选举制度的改革还需做出的努力是，杜绝过度迷恋政治威权的治政理念，防止权力之手干预民主政治领域。

此次选举法修改，对于促进选举的真实、有效有两个举措，包括：“选举时应当设有秘密写票处”；“主持选举的机构或者其他有关机关，发现有破坏选举的行为或者收到对破坏选举行为的举报，应当及时依法调查处理；必要时移送有关机关予以处理。”这些举措未来是否能不折不扣地执行，仍将是一个考验。

“我们的改革是全面的改革”，“没有政治体制改革，经济体制改革和现代化建设就不可能成功。”这是温总理在今年两会上的另一段重要论述。于此背景下，我们不难得出结论，切实保障人民选举权将成为未来政治改革的一个重要切入口，而且也将决定其深度、广度乃至成败。

“要让人民更有尊严”——温总理所说的“人民的尊严”当然不仅仅是指吃饱肚子的尊严，也是政治自由和民主权利的尊严，这也是切实保障一切民主权利的“母权”——选举权的意义所在。政治学者罗伯特·达尔曾经指出：“从历史上看，民主的发展总是与对权利的尊重同步前进的。”基于我国的政治现实，保障人民选举权的核心就在于，进一步创造一个公平、公正和透明的选举环境，使公民能够进一步自由行使选举权利、真实表达选举意志。

“贵州枪击案”调查通报怎么像“辩护词”

刊发日期：2010 年 1 月 19 日

作者：沈 彬

针对贵州关岭县警察张磊开枪致两村民死亡一案，安顺市政府方面称：因张磊“临场处置经验不足”，确实受到当事人攻击和抓扯，但有无必要开枪示警值得商榷。1 月 18 日安顺市政府召开新闻发布会，通报了关岭“1・12”事件阶段调查结果。

笔者以为，18 日新闻发布会非但没有使案情水落石出，反而让案情更扑朔迷离、疑窦丛生了。因为此番警方的调查通报，颇有张磊的辩护律师的口吻，而丧失了调查方应有的中立、公正立场。哲学家维特根斯坦说“把能说清楚的，都说清楚”，现在的通报中大约算是“把对警方有利的，都说清楚”，把那些对张磊不利的，特别是一些严重影响事件定性的情节淡化了。

官方通报称：死者郭永志情绪激动，不听劝阻，抢夺张磊的枪支，在此过程中，被张磊的子弹击中死亡。“经初步调查鉴定，以下事实也基本确定”：一是张磊是接到报警之后赶到的现场，二是死者生前喝过酒。

首先，坦率地说，上述两点“确定”与案情定性的关系不大。本案的关键甚至不是警方执法不妥，而是张磊是否涉嫌故意杀人。且不提之前是否“抢枪”，是否处置不当，郭永志身上有两处枪伤说明什么？

在尸检前，县公安局梁姓副局长坚决否认死者中有人身中两枪，但现在尸检报告显示：郭永志身上“一颗子弹从右大腿内侧中段射入，另一颗子弹从头部左颞顶部射入”，即大腿中枪失去反抗能力的情况之下，张磊又在其太阳穴补了一枪，这明显涉嫌故意杀人。梁副局长当做何解释？应被认为是“护犊子”呢，还是发布严重不负责任的言论？

另据报道，面对记者“先被打伤大腿还是先被打中头部击毙”的问题，发言官员既不承认先打中腿部，也坚决否认先打中头部；但其同时表示，张磊确实对其开了两枪。

其次，据媒体报道的目击者证言，张磊朝郭永志开了一枪之后，又顶着他的脑袋再开一枪，如果是顶着头部的近距离射杀，死者皮肤应该受到灼伤，尸检报告也应该有判断射击距离这项“常规项目”，为什么没有公布呢？

此次发布会上官方不愿意回答的问题还有很多：如是否定性为暴力袭警？最新的调查是立案调查，还是内部调查？……发言人均表示在调查当中，“需要再研究决定”。

再次，谁有权公布案情真相？按此前通告，相关领导已成立领导小组，当事警察被停职调查，检察机关也正介入，还有公安部督察。但早在调查启动前，警方就先声夺人提出“袭警”“抢枪”，而备受舆论质疑。开枪的警察是关岭县的警察，其开枪时正是代表县公安机关履行公务，按《刑事诉讼法》以及一般法理，安顺警方就是当事人，应该回避。如此“自查自纠”，让公众很不放心。

此前媒体已经报道过多名目击者的证言，表明有可能是警察开枪杀人，他甚至不允许别人将死者送医。这些证言有没有被采纳？有没有体现在通报里？我们甚至更加担心，警方如此这般的“立场”会不会严重“影响”目击者的证言。

政府对公共事件展开调查、发布通报，是为了满足公民的知情权，同时也是重拾公信的平台。所以政府调查应有起码的公信，而不能让人觉得像份“辩护词”，不能用政府的公信为个别警察涉嫌的违法行为背书。

“执法钓鱼”的危害远大于“黑车”

刊发日期：2009 年 9 月 17 日

作者：黑格二

上海私家车主张先生遇到桩好心没好报的事。8 日他开车时，一男子要求捎一段，他拒绝了，但男子央求称胃痛等不到出租车。于是张心一软就答应了，车上男子提出给他 10 元钱，张说不要。当张按其要求停车时，男子迅速拔走车钥匙，车外七八个身着制服的人将张拖出车外。原来这是闵行区城市交通行政执法大队在查“黑车”，张先生因“非法出租营运”被罚款 10000 元。（2009 年 9 月 16 日《新京报》）

张先生认为自己被“执法钓鱼”，但有关官员否认这种说法，称没有雇社会人士诱骗车辆，“一部分有‘正义感’的社会人士”“配合执法”。

从报道中看，执法程序不妥之处很多：没有依法出示执法证件，扣走车上与执法无关的个人电脑，要挟当事人放弃申辩的权利……但除此之外，需要探讨的是：正当的“执法取证”和所谓“执法钓鱼”的边界在哪里?

“黑车”扰乱了正常的营运秩序，由于证据较难固定，处罚难度较大。一般由执法人员扮演乘客乘坐，用电子设备记录证据，在交易之后，“人赃并获”。这就是所谓的“诱惑侦查”，或者叫“诱惑取证”。

世界各国执法机关也都使用类似手段，比如警察扮演瘾君子向毒贩购买毒品。但它也备受争议——“诱惑取证”的目的是取得那些有违法意图、违法行为者的违法证据，而不是引诱、教唆那些没有违法意图的人去违法；否则就违背了执法的正义初衷，沦为“执法钓鱼”、“放倒钩”，或者叫执法圈套。

执法圈套 (entrapment)，这是英美法系的专门概念，它和正当防卫等一样，都是当事人无罪免责的理由。从法理上分析，当事人原本没有违法意图，在执法人员的引诱之下，才从事了违法活动，国家当然不应该惩罚这种行为。比如，一名便衣警察对某女子说：“给你 100 美元，陪我过夜。”她不同意；警察增加到500美元，她还是不同意；警察再次加价到1000美元，她才勉强表示同意。这就是执法圈套——该妇女的卖淫意图是在警察高额金钱引诱下萌发的。大陆法系国家对此也有严格限制，日本法律禁止执法者为了取证，诱惑当事人产生违法意图，因为这是国家公权侵犯了当事人的人格自律权。

从本案看，就算张先生是“非法营运”，但最先他并不想违法，而是在男子自称胃痛打不到车的“引诱”之下，才开始“违法”的。从法治国家的经验看，诱惑取证应受到严格限制，它绝不能由所谓的“协查员”，乃至“有正义感的社会人士”操作，因为他们往往对“执法”有利益诉求，倾向于“引诱”当事人。而这种“执法钓鱼”撕裂了社会成员间朴素的情感，败坏了公德，今后那些真的生病、临产的路人可能再也得不到帮助。它更会引发严重的冲突，比如，去年3月上海奉贤区一位“黑车”司机被所谓“女协查员”带入“执法伏击区”之后，当着执法人员的面在车内用刀捅死“女协查员”。（2008年3月9日《东方早报》）以前上海还发生过黑车司机为泄愤绑架所谓“倒钩”的事件。

现代行政法治里有所谓“比例原则”，即行政手段应该与行政目的相匹配，“非法营运”虽有危害，但其危害的恶劣程度远低于暴力犯罪，因此，不能对其采用激进的“执法钓鱼”手段，这一手段既存在诸多不确定性风险，又破坏了社会成员间的信任与互助，实在是害莫大焉。

以理性和法律平息乌鲁木齐“7·5”事件

刊发日期：2009年7月8日

作者：周庆安

不论从什么角度，从谁的角度上看，已经导致156人死亡、上千人受伤的乌鲁木齐“7·5”事件都是一场巨大的悲剧。

现在，在政府的努力下，正常的社会秩序逐步走向恢复。但在7月5日，不管是维吾尔族也好，汉族也好，其他少数民族也好，那一天的悲剧，所有人都是受害者。经过了60年的建设和发展，新疆这个变得安宁的家园，却在少数人的利刃、火种和喧嚣中一度成为了令人不安的地方，住在那里的人，都突然间面临着巨大的压力。

事件发生后，许多人有愤怒情绪是可以理解的。这种愤怒可能源于亲人、朋友、甚至是陌生路人被打被害，可能源于自身财产受到的损害，也有可能源于安定生活的被破坏。但是无论什么理由，不管什么人，都不能把矛头指向无辜者。否则，可能宣泄了自己的愤怒，但会伤害更多的人。

乌鲁木齐“7·5”事件，是新中国成立以来新疆伤亡人数最多的一次暴力事件。新疆正面临着一个历史性的关键时刻。能不能回到和谐安宁的轨道上来，取决于那里每一个人能不能坚守自己的良知与常识、坚守理性和法制的底线。

从宏大层面上说，民族和睦共处是所有多民族国家追求的最高目标之一。中国是一个多民族国家，重视与强调民族团结是中国民族关系的核心内容和民族政策的重要组成部分，要实现这一目标，不同民族都要给彼此留出宽容的空间，相互尊重，相互理解。

坚守良知，最起码要尊重生命。而从个体角度上看，珍惜生命，不伤及无辜是人类的基本常识。无论是哪一个民族的人，都希望有一个稳定的发展环境。没有哪一个民族、哪一种宗教，不是以真善美的人类良知作为底线的，也没有哪一个民族或哪一种宗教是支持打砸抢烧的犯罪行为的。所以我们相信，犯罪的只是极少数人，根本不能代表哪一个民族或哪一种宗教。

坚守理性，就是尊重秩序。在当下的敏感时刻，所有人必须保持理性、克制，把争端交由政府处理，相信政府能尽快恢复社会的秩序。一旦采用以暴制暴、不理智的措施和行动，只会把事情搞得更糟，往往会殃及无辜，也会给少数人以可乘之机，甚至实现了极少数犯罪者搞乱社会、制造冲突的目的。所谓亲者痛、仇者快，正是因为我们在关键的历史时刻，选择了宣泄我们的愤怒，而无法承担含泪的理性。

坚守法律，就是依法办事。“7·5”事件的最终解决，是通过司法部门的调查，以事实为依据，以法律为准绳，对犯罪分子进行制裁。一人犯法一人受制裁，法律面前人人平等这些最基本的法律精神，要在此次乌鲁木齐的事件解决中成为基本的杠杆。因此，那些受害者及其家人、亲朋好友，应该相信相关部门，给他们时间，这才能战胜极端势力和暴力行为，避免陷入冤冤相报的恶性循环。

这场打砸抢烧事件正在逐步过去，留在人们脑海中的阴霾也会随着秩序的恢复逐渐扫除。但是唯一不会忘记的，是这场悲剧中殒命的156个生命，是那些曾经在棍棒和利刃下哭泣的普通民众。铭记良知、理性和法律，才能让这一切不再发生。

“打回”预算报告是正常的人大监督

刊发日期：2009 年 3 月 20 日

新京报社论

《法制日报》3 月 19 日报道，在今年的承德市人民代表大会上，承德市政府 2009 年预算报告草案接连被代表打回修改了两次，直到更改了预算才获通过。之所以如此，是因为该市人大代表认为政府“有钱不紧着民众花”，要求财政投入大幅度向民生倾斜，经过反复博弈，政府方面作出妥协，在民生方面大量增加开支，如原来对社保领域的投入为 2000 万元，后改为 4000 万元；原来对教师的投入为 1000 多万元，后改为 2000 多万元等。最终预算报告才得以“过关”。

近年来，随着“公共财政”、“预算监督”等公共意识的崛起，预算监督如何从形式走向实质已成为各级人代会上的焦点议题。而在实践层面，预算信息不断公开、预算监督范围不断扩大等变迁，也见证了人大预算监督由虚变实的改革努力。不过，迄今为止，人大代表对于政府预算大多止于口头批评，罕有将预算方案打回修改的先例。

事实上，如果公共财政制度较为完善，政府预算方案经民意机关审查后，大多已是面目全非。如今，终于见到这种更改政府预算的监督效应，尽管只是发轫于地方人大的一个孤例，但我们有理由期待，这或许是人大预算监督走向实质的历史性拐点。

承德的破冰之举得益于当地人大监督政府的行权意识，也得益于人大代表仗义执言的履职勇气。通过更改政府预算，承德市大幅增加了有益民生的投入，而政府开支则大大压缩，如仅政府采购费用就减少了 7000 多万元。

公共财政向公共利益和纳税人利益倾斜，同时有效控制政府浪费、逐利乃至腐败的空间，事实上也是预算监督理应追求的价值目标。

人大监督的承德经验值得肯定，但也要看到，在敢于监督、勇于监督的同时，如何善于监督、深入监督进而提升预算监督质量，仍然有待探索。比如，尽管此次承德的人大代表两次退回了政府的预算方案，但大多局限于“投入太少”之类的抽象化、直觉性质疑，而没有提出专业化、建设性的调整方案，最终的预算方案依然是政府“自我修改”的结果。各项财政资金安排是否尽可能做到了合情合理，社保、教育等民生领域的投入有无进一步增加的可能，政府用支有无进一步压缩的可能性等等，依然不清晰。

因此，人大预算监督应进一步向主动监督、专业监督转型。比如，根据现行的宪政和人大制度设计，人大代表联名，人大专门委员会等可以提出预算修正案，这是对政府预算进行主动监督的有效方式。倘若人大能不断提出预算修正案，根据情势变化、民生所需时时对政府预算作出更改，当能发挥常态性、跟踪性的监督效应，其监督效能显然远远高于政府限于一时的“自我修改”。遗憾的是，这项权力在实践中从未有效激活。2003 年，广东人大 11 位代表曾联名提出过预算修正案，却因种种原因未列入大会议程。而上海市闵行区人大尽管在今年人代会召开前发布了提出预算修正案的具体办法，亦没有代表行使这项权力。

当然，这种权力流失既与缺乏更有力的制度保障有关，也与人大代表的专业素养不足有关。要改变这样的局面，涉及许多深层次的改革。比如，对人大代表进行必要的预算知识培训；招募专业的预算专家组成人大的智囊团，为人大代表提供更为充分、专业的论证报告和参考意见；政府邀请人大代表提前介入财政预算编制等等。而所有这些，都有赖于制度化的保障。

这次全国人代会上，4 万亿公共资金的监督问题受到了代表们的高度关注，这是推动人大预算监督并由此从形式走向实质的的一个历史契机。我们期待能出现更多的“承德式”预算更改，而由此演练的人大预算监督的种种实质性进步，亦能成为公共政治生活中的民主常态。

“实属必然”：瓮安事件的警示

刊发日期：2008 年 7 月 5 日

新京报社论

种种信息表明，“6·28”瓮安事件正向理性和稳定的方向发展：事件本身已经平息，各种权威信息也已迅速公开，真相正一步步揭示；同时，有关部门的深刻反思和对主政官员的问责，也已雷厉风行地进行。

面对这起群体性突发事件，当地党政部门正视社会矛盾的态度和清醒认识，令人印象深刻。贵州省委书记石宗源指出：这起事件“看似偶然，实属必然，迟早都会发生”，事件背后的深层次原因是瓮安县在矿产资源开发、移民安置、建筑拆迁等工作中，侵犯群众利益的事情屡有发生，加之有的领导干部和公安民警长期以来失职渎职，导致社会治安不好，群众对此反映十分强烈。

基于对这起事件的清醒认识，当地在依法追究参与打砸烧的犯罪嫌疑人的同时，也问责了一些负有行政管理职责的相关官员，瓮安县县委书记、县长、公安局政委和局长等均已被免职。同样，信息的及时公开、听取各种意见的座谈会的举行、遗体鉴定的公众参与等，这些合法而理性的举措，使得这起事件渐呈平息之态势。

其实，瓮安事件是典型的“无直接利益冲突”的群体性事件，这类事件往往事前无明显征兆,一旦有个导火索，便会迅速演变，规模和行为的激烈程度都迅速扩大，处置起来难度很大。

防范类似的群体性事件，关键在平时。这就要求地方政府能站稳中立的裁判者立场，切实维护好、发展好公众的根本利益，充分保障公民的知情权、表达权、参与权和监督权等基本权利，建立起公众对政府的忠诚和信赖；同时，司法也要把政府和公众个人摆在平等的地位上，力避出现公民求告无门的境况。否则，如果平时的一些小事处理不好、处理不公，无数的小事，在无数群众之间口口相传，最终就会酿成影响当地社会整体稳定的大事。

然而，越是社会矛盾凸显，一些地方政府官员往往越缺乏耐心，缺乏对公民基本权利的尊重，乃至出了矛盾后，过分迷信“快刀斩乱麻”的办法。如石宗源所说，“一些干部工作不作为、不到位，一出事，就把公安机关推上第一线，群众意见很大”。这样处理，效果可想而知：看起来问题解决了，事件平息了，但已经存在的平等民事主体之间的矛盾没有解决，深层次的干群矛盾却在积累、在发酵。久而久之，在一些地方，社会主要矛盾就演变成了干群矛盾，为群体事件的爆发，埋下了诱因。

从这个意义上说，瓮安县相关官员被问责，能够在一定程度上修复政府与公众之间的裂痕。但是，即便从瓮安县本身，这起事件所表现出来的矿产资源开发、移民安置、建筑拆迁等方面的遗留问题也需要尽快调查解决，而从更大的意义上看，显然不能仅仅满足于一个具体事件的平息，更应该举一反三，通过一系列体制机制的革新，完善公民权利保护，使权力切实受到监督和制约，防范此类事件在异时异地重演。由此，“实属必然”的清醒判断，是瓮安事件对社会一个沉甸甸的警示。

为苍生泣血，我们举国致哀

刊发日期：2008年5月19日

作者：周庆安

国务院发布公告，为表达全国各族人民对四川汶川大地震遇难同胞的深切哀悼，国务院决定，2008年5月19日至21日为全国哀悼日。在此期间，全国和各驻外机构下半旗致哀，停止公共娱乐活动，外交部和我国驻外使领馆设立吊唁簿。5月19日14:28分起，全国默哀3分钟，届时汽车、火车、舰船鸣笛，防空警报鸣响。在哀悼日里，奥运圣火境内传递也将同时暂停。

这是自中华人民共和国成立以来，第一次就大规模自然灾害举行的全国性哀悼活动，也是第一次从制度上为自然灾害死难的普通百姓降半旗致哀。同时，5月19日14:28分，也是“5·12”汶川大地震中遇难者的“头七”。在中华民族传统的哀悼氛围中，举国降半旗致哀，我们用全民族的眼泪，悼念这次地震灾害中的罹难者、在救灾中的牺牲者，更用全民族的意志，昭示中国对每一个普通生命的极大尊重。

为此，我们举国致哀。

哀悼日是对民族情感的凝聚。在灾难发生后，各地民众自发捐款、献血，许多国人甘当志愿者，主动表示收养地震孤儿。当民众自发地用烛光哀悼死者，当民众自发地将赈灾物资运往灾区时，中华民族从来没有像现在这样，团结如一人。多难兴邦，作为一个有传统也有担当的民族国家，我们需要一种国家行为，来重申全民族在这次灾难中的共同情感。

为此，我们举国致哀。

哀悼日也是对国家责任的重申。国家有为生民立命之任，有解民于倒悬之责。当自然灾害来袭时，一切生与死之间的选择，其实是每一个中国人的基本责任担当，更是国家作为民族集合体的承诺。国家有哀民生之不幸的义务，尤其是这场改革后死难人数最多的自然灾害，已经成为了民族记忆中的一道伤口。许多公民失去了亲人，失去了家园，失去了他们所有美好的回忆。

为此，我们举国致哀。

哀悼日还是对民众呼声的响应。灾难发生后，不少民众通过各种渠道表达呼声，希望能够通过国事行为，确定国家哀悼日，下半旗致哀。这既是许多国家的通行做法，也是民族国家认同、成熟和发展的标志，更代表了公民和国家荣辱与共的信念。国家现在响应他们的要求，就是保护公民生命的基本尊严，肯定公民爱的权利。

为此，我们举国致哀。

在哀悼日中，我们更不应该忘记，瓦砾废墟下可能还会有奄奄一息的灾民。我们的眼泪是为死难者流，我们的汗水和决心为那些生命奇迹流淌。在这个持续 3 天的哀悼日中，我们还要尽最大的努力，去换取哪怕只有一个生命奇迹的出现。与地震后的空间坍塌争夺生命、与地震后的时间争夺生命。这也是哀悼日的沉默里，我们真正需要戮力同心的最重要事情。

往者灾犹降，苍生喘未苏。在这个苍生泣血的日子里，整个民族用哀悼日的方式，树立我们拯救生命的决心，伸张我们的爱和信仰，书写我们生命的荣耀。此刻，我们已经打通了通往灾区中心的道路，生命的孤岛不复存在，而当整个中国降下半旗、鸣响警报和汽笛时，爱的孤岛也不复存在。

因此，为苍生泣血，让我们举国致哀。

地震救灾，抢救生者当不忘关怀死者

刊发日期：2008 年 5 月 17 日

作者：于 平

汶川地震已过去 4 天后，生还者抢救的可能性愈来愈低，而同时，加快处理死难者遗体，防止疫情大暴发，变得愈来愈突出，据报道，此前死难者遗体被挖出后，处理的流程是先将遗体清洗消毒，然后让灾民来认领。但从 16 日开始，挖出的遗体不再认领，即刻深埋。而据一名工作人员表示，“开始的时候，考虑到对死者的尊重，我们争取一个人一个坑，进行掩埋，但现在尸体越来越多，已经不可能做到这一点了。(2008 年 5 月 16 日”《京华时报》、《21 世纪经济报道》)

众所皆知，地震后倘若暴发大规模疫情，将比震灾更加可怕。正因如此，为加快死难者遗体处理，保护生还者，取消认领程序十分必要。固然，这对死难者的亲属可能有些“残忍”，但是为了救灾大局，公民必须向公共利益做出牺牲，这实属不得已之策。

然而，加快遗体处理，这并不意味着我们在尊重亡者和遗体辨认上可以“无所作为”，几万死者都是国家的公民，都是我们的同胞，都是亲人的骨肉，他们的生命我们无法挽回，但我们应付诸全力让他们体面地、有尊严地离开这个世界。我们要尽量避免“天地茫茫，不知亲人埋骨何处”的人伦悲剧发生，给生者以最大的慰藉。

具而述之，能不能想方设法，争取让每具遗体单个掩埋，尽可能避免采取集体掩埋的方式；每具遗体处理掩埋时，能不能安排一个肃穆的简易哀悼仪式，哪怕脱帽低首默哀半分钟亦可。再如，对那些保存较好、面目依稀可辨的死难者遗体，能否拍下照片、用文字记录体貌特征后详细编号保存，今后供寻亲者辨认；而对损害严重或严重腐烂的遗体，是否能采集 DNA 样本（如血痕，带毛囊的毛发等），同样编号保存；同时对于死难者随身的遗物，能不能细心一一取出，经过消毒后，同样编号保存待认领——睹物思人，这些遗物在死难者亲人眼中，可比什么都珍贵。

也许，有人会觉得以上的建议有些“吹毛求疵”，然而，越是大规模的灾难，越是不能轻忽关键的“细节”，抢救生者固然重要，但关怀死者更不可或缺，毕竟，那些死难者都是我们的同类，不是禽流感时可以随意处置的家禽，我们必须用爱、用珍惜和怀念的心情对待他们。事实上，对死难者一丝不苟、精心关怀，也是国际上普遍的做法，例如2004年印度尼西亚海啸后，许多受灾国家在处置遗体的工作中，都为遗体拍照、记录体貌特征、采集DNA样本和收集死难者佩戴的饰物，当时，中国也派出DNA鉴定专家组帮助泰国辨认海啸死难者遗体。

中国自古以来都提倡“慎终”。孔子说：死，葬之以礼，祭之以礼。荀子说，夫厚其生而薄其死，是敬其有知而漫其无知也。而当下，以人为本更是社会的共识。以人为本，首先就应是以生命为本，珍惜生命，尊重亡者，坚守人性的价值。

善待地震死难同胞，这也是为了留下地震的宝贵记忆。尽量辨认出每具遗体，如此方能统计出每个死难同胞的名字，倘若没了这些名字，我们为死难者建立的纪念碑上，将只剩下苍白的数字。同样，死难同胞的遗照遗物，如那些遇难孩子手中紧握的笔、紧捏的书，也值得永久保存，以示后人。

地震救灾，抢救生者当不忘关怀死者，其实，对死者的关怀也是一种“抢救”，这是对人伦亲情的抢救，这是对至高无上的生命价值的抢救，与时间赛跑对灾难记忆进行大抢救，值得我们拼尽一切努力，付出最大代价。

少些“旧城改造”，多些“旧房改造”

刊发日期：2007 年 11 月 29 日
作者：于　平

北京已启动首批“旧城区街巷综合整治改造修缮工程”，涉及东城、西城、崇文、宣武 4 个区的 40 条胡同、1474 个院落、9635 户居民，主要内容是对危旧房屋进行修缮，达到房屋结构安全、外观整齐整洁、确保正常使用等。这是新中国成立以来北京城市中心区规模最大的一次旧房改造，旨在消除旧城区安全隐患和环境脏乱差的局面。（2007 年 11 月 28 日《新京报》）

“旧城改造”和“旧房改造”，两个词一字之差，含义却相差径庭。我们以前常见的旧城改造，目标多是拆掉老房子、老城区，不考虑旧城区的复杂性和多样性，将老房子全部打上危旧标签，然后夷平重建。这样的模式，让北京付出了昂贵的代价，在轰隆隆的推土机声中，一片又一片的老街区灰飞烟灭，老北京的面容与气质，渐行渐远。

而此次启动的旧房改造，各种做法让人耳目一新，它以爱惜的态度对待每一间老房子，能修则修，不能修则按原样翻建，并尽可能地使用旧房上拆下的旧砖、瓦、石材；它不再否认老房子的存在价值，而是花大力气改善其功能，改造厨房、卫生间、下水道，使其现代化……可见，旧房改造的目标，是尽可能保住日益萎缩的老城区，呵护古城的风貌，留住现代人的“根”。

用个形象的比喻，旧房改造犹如“洗脸”，旧城改造犹如“整容”，一个人当然要天天洗脸，但绝不可动辄“整容”。所以少些“旧城改造”，多些“旧房改造”，显然是一个明智的选择。

北京此次的旧房改造行动值得肯定，不过，我们建议，类似的旧房改造应该日常化，不必等到问题长时间积累，旧城区安全隐患和环境脏乱差已相当严重或者是为了迎接某个重大庆典时，才来采取大规模的动作，而应该是一项长期持之不懈的“城市更新计划”。政府应有常设的机构，每年有固定、充裕的财政资金投入来做这件事。抛弃改天换地式的城市改造，一点一滴对老城区进行渐进的改良，将促进老城区的“新陈代谢”，焕发其盎然的青春。

诚然，按照《北京城市总规划》规定，旧城居民是“房屋修缮保护的主体”，但这不意味着政府可以不承担责任。目前北京老城区的现存房屋中，公房占了很大一部分，居住其中的居民没有产权，缺乏修缮的动力，而那些拥有产权的私房主，很多是低收入者，很难拿出多余的修缮资金。同时，旧房改造不仅意味着房屋的修缮，还意味着道路、排水系统、水电等一系列公共设施建设，还涉及拆除、违建等公权力的行使，这些显然需要政府担责。因此，现阶段的旧房改造中，地方政府理应承担更大责任，以弥补此前对于旧城区的长期欠账。

旧城改造，地方政府可以拆房卖地挣钱，还可以创造 GDP；而旧房改造，地方政府不仅赚不到钱，还要倒贴一大笔——这次北京市给四个城区的旧房改造经费总额达 10 亿元。可是，这笔钱花得合情合理，花得物有所值。长久以来，许多地方流行“经营城市”的思维，认为城市的资源都可以拿来卖钱变现，这种思维常常导致不负责任和短视的行为出现。其实，政府作为公共利益的维护者，它常常要做一些“赔本的买卖”，它更多考虑的应是对历史、对未来的负责，如此才能科学决策，赢得最大的认可。

房价假装下跌，我们假装欢呼

刊发日期：2007 年 11 月 22 日

作者：羽　良

期待已久的转折似乎到来了。据报道，广州的楼价下跌，据说有的楼盘每平米降了一两千元；京沪楼市现在“有价无市”，深圳二手房交易量大幅度萎缩；银监会严令各家银行年底前控制贷款，乐观者认为，开发商的资金链由此更一步紧张，低价变现的可能会进一步打压房价。

只是从这些表面现象中得不出房价调控已经见效的结论，更不能说中国房地产市场就此步入了拐点。

银监会在前一段时间针对二套房的调控政策无疑是打击房地产市场投机过热的一剂良方，但却并不足以在一个多月的时间内将房价以一两千元的幅度打压下去。从各家银行针对“9·27”政策出台的执行细则来看，银行方面并无真正对房地产市场“惜贷”的意愿。

例如，各银行将“有一套公积金贷款购房”的二套房投资者从调控政策范围中剥离出来；而甄别公积金贷款的前提是各家银行的征信系统和各地公积金中心数据系统对接。各家银行的上级监管部门是央行和银监会，各地公积金中心的上级主管部门是建设部。眼下各地公积金中心的数据和系统并不统一，和各家银行的数据对接更需要高层行政部门间的协调甚至靠行政命令强力执行，推行成本之大，足以造成对“9·27”政策的阻碍。同时，在各家商业银行为自身业绩考虑、一步一步地抵消着央行和银监会的二套房政策下，房价一月便降下一两千，恐怕只能是个案。

那么银监会的“控制贷款”之说又做何解？

说出来也许令人泄气。自 2003 年房价走强，尤其是 2005 年固定资产投资过热大势难改以来，几乎每到第三季度统计数据公布之后，有关部门都会以内部通知的方式严令各家银行收紧银根，压缩放贷规模。为什么这么做？因为每年央行都会对全年贷款额度做一个计划，而这两三年，几乎每到三季度结束，各家银行就早已将年初央行的贷款计划额度用完，甚至大规模“超贷”。

有心者不妨去央行的网站看一下 2007 年前三季度货币政策执行报告，从一季度开始，商业银行贷款增速就已较上一年大大增加，到了 10 月份，人民币各项贷款增加 3.5 万亿元（2006 年人民币新增贷款为 3.18 万亿元）。

不仅早已达到央行年初设定的贷款目标，而且早超过了年初所要求的“只增长 15%”的目标增速。这意味着，如果还想让明年初出来的 2007 年全年货币执行政策统计不至于在贷款一项上“超贷太多”，那么各家银行就必须在第四季度里勒紧腰带，把住银根，起码让放贷增速降下来。如此，明年出炉的 2007 年四季度统计才能“看上去”好看一些，才能得出能让各方倍感安慰的“在金融宏观调控措施的综合作用下，货币信贷过快增长势头有所缓解，信贷结构进一步优化”的结论。待 2007 年结束，2008 年新的计划贷款额度下来之后，各家银行又将开始新一轮“放贷冲动”，地产商拿不到贷款的局面也将迅速扭转，房价走势可想而知。

行文至此，看到某门户网站上“广州部分楼价‘雪崩’”的新闻跟帖已经超过了 500 条，不由得想发自内心地提醒广东的朋友，假装欢呼可以，千万记得准备冬储商品房啊。

教育改革可以走在户籍改革之前

刊发日期：2007年9月27日

新京报社论

针对此前有媒体报道说，中小学生学籍信息化管理规范出台后，实现了中小学生学籍管理与户籍的脱钩，教育部发言人25日表示，中小学管理体制仍然是各地负责，跨地区自由选学等观点属于误解。(2007年9月26日《新京报》)

按照发言人的观点，学籍信息化管理，只是一个单纯的技术性措施，它只不过将全国的学籍管理系统联网，更准确地记录义务教育实施的情况而已，对于保障流动儿童入学，没什么实质影响。显然，这样的观点与此前舆论对学籍信息化的期待有不小的差距。

教育部此次“澄清”似乎又验证了这样一个现实：户籍是教育公平绕不过去的一道坎，户籍制度不改革，那么流动儿童就学问题将是难解之结。不过，仔细想来，似乎未必如此。

其实，学籍可不可以与户籍脱钩，从现有的国家政策来看，这个壁垒已部分打破。国家早已明确，要保障农民工子女的受教育权，流入地政府应该负责。这就意味着，国家事实上已经允许部分中小学学生的学籍(至少是义务教育阶段)与户籍脱钩。但在农民工子女群体之外，还有大量无当地户籍的流动人口子女无法适用这一政策。

而今，既然全国统一的学籍信息化管理系统即将建立，那就意味着，打破地域分割，建立中央统筹管理的义务教育体制，让国家之手可以在必要时越过地方，为公民教育福利保驾护航，将有具体而可操作的制度平台。如此一来，脱离户籍推动教育改革，是有可能的。在很多城市，不少流动儿童能够进入当地公办学校读书，表明这项改革正在变为现实。

我们都知道，现行户籍制度最大的弊端在于，户籍负载了许多公民福利保障，成了教育、养老、医疗、失业等社会保障的“准生证”，任何人一旦离开户籍，其福利将大幅缩水甚至归零。其实，推进户籍改革，也可以换一种思维，除了着眼于改革登记制度外，也可以一步步消除户籍的“捆绑效应”——将依附于户籍上的公民福利一个一个剥离下来，让公民福利突破地域索绊，上升至国家保障的层面。

例如，我们可以在学籍登记基础上，建立学生的“教育账户”，在全国范围内自由流动。养老、医疗的个人账户同样可以全国统一，使公民走到哪里，账户就跟到哪里。当“捆绑效应”慢慢消失，那户籍改革也就水到渠成，不会像现在这样，大家都知道要改革户籍，但好像每个领域的“腿脚”都捆绑在一起，谁也无法迈出第一步。

可以看到的是，按照有关方面此前向媒体透露的户籍改革方案，彻底的户籍改革要想完成，还要一个漫长的过程。显然，成千上万的流动儿童和留守家庭等不起。流动人口子女受教育权的保障迫在眉睫，这是关系到整整一代人心灵健康和福祉命运的大事，任何拖延，都将付出巨大的社会代价。

教育公平是社会的起点公平，户籍之弊造成的教育不公是必须优先解决的问题。因此，让教育改革走在户籍改革之前，不仅现实可行，也是顺乎民心之举。当然，改革并非教育部门一家所能完成，这需要中央层面的统筹协调，需要破除地方利益的干扰，当然，更不可缺少国家财政的强力支持。

“官员自罚”：实质还是一种特权？

刊发日期：2007 年 7 月 19 日
作者：曹　林

河南济源市挂上“国家卫生城市”招牌近一年来，该市卫生面貌迅速恶化：大街小巷小广告乱“飞”，个别夜市摊点污水横流，部分建筑施工现场没有施工围墙，建筑垃圾随意堆放……对此，该市市长赵素萍称自己对这种脏乱差反弹负主要责任，向全市人民道歉后当场拿出 1000 元以示自罚。该市市委书记也当场自罚了 1000 元。（刊载于 2007 年 7 月 18 日《大河报》）

这一场景确实有点让人“动容”。相比一些面对城市脏乱差无动于衷甚至万般推卸责任的官员，济源市领导这种自责自罚精神很是值得赞赏。

但愚笨的我却难以从这极具道德美感的自罚中找到让自己感动的东西，感觉这种自罚不是一种可歌可赞的道德自觉，而成了一种官员的特权。

当我在公路上开车违反了交通规则的时候，面对警察，我可以说“自罚 10 元”吗？如果我一时贪心拿了邻居的东西，当警察抓住我的时候，我可以说“自罚关在家里 3 天”吗？当小商小贩占道经营影响了城市交通秩序和卫生环境，当企业违反了法律制造出了问题产品，他们可以说“我自罚多少钱”？有自罚的权力和资格吗？恐怕不会。不是谁都可以通过“自罚”担责的，但一些官员可以，而此时“自罚”已不是什么道德，本质上是一种特权。

“国家卫生城市”被媒体曝光脏乱差大反弹，垃圾遍地污水横流，本就应对此负责的领导还没有接受上级的问责、接受人大和公众的质问，却可以用高调的声音和积极的姿态去自责自罚，以自责换掉他责，自罚替代他罚，还能赢得某种主动性和占据某种道德优势。如果说自责自罚包含某种道德自觉，“秀”这种道德也是某些人的特权，一般人没有这种自罚的机会。

总觉得，“罚”这种行为本就是由别人来行使的，别人行使的罚才有充分的惩罚力度，任何人不能当自己案件的法官，不能在同一场比赛中既当裁判又当运动员，自己犯了错就应由别人来罚，否则这世界会变得混乱不堪。

当然，我并不是否定“自我批评”的意义。而是说，要想让“自罚”有警示作用，还必须有“他罚”。他罚约束下的自罚是一种道德，而缺乏他罚约束的自罚是一种畸形的特权。我很担心，这种特权性质的“自罚”会成为一种道德障眼法，成为一种“洗责”的手段，反客为主地回避应有的制度性他罚。市领导当然得为本城脏乱差的卫生负责，但不应是自罚了事，而应虚心站在一边，等着人大和老百姓去问责、处罚。

人民大会堂能否免费开放

刊发日期：2007 年 3 月 2 日

作者：韩方明

全国人民关注的“两会”又要在人民大会堂召开了。笔者也开始收拾行囊，准备启程赴京共商国是了。盘点案头，今年要提交的第一份提案就是关于人民大会堂的。

众所周知，人民大会堂是党和国家领导人从事政治和国务活动、人大代表和政协委员参政议政的重要场所，体现了人民当家做主的政治地位，也是我国政治文明进程的标志性建筑。人民群众来到这里参观往往能深刻感受到自己是这个国家的主人翁。也正因此，人民大会堂几乎成了每一个来京的人要参观的地点。但是，从 1979 年 7 月 15 日人民大会堂正式对外开放到现在，每一位到这里参观的人都要支付从最初的 3 角到今天 30 元的门票费用。无论从国家民主形象建立的必然要求还是公共资源共享的发展趋势来看，参观人民大会堂要收取门票费用都已显得不合时宜。

第一，免费开放立法机构场所是一个国家民主程度的重要标志，也是许多国家普遍的做法。

立法机构在各国的民主政治生活中，都扮演着非常重要的角色。近年来，也成为各国展示自身民主程度的重要窗口。许多国家的立法机构场所对国内外游客是免费开放的，有些还配有免费的讲解员。通过讲解，使到那里参观的人了解这个国家的民主进程和民主文化。有些国家，参观的民众甚至可以旁听国会的某些会议。

德国的议会大厦，是原纳粹统治时期纳粹分子制造臭名昭著的“国会纵火案”的帝国国会大厦，但它现在每年吸引成千上万的游客前来参观，参观不收门票，只需排队依次进入。议会大厅内的议员们在辩论，大厅上方民众和各国游客在参观游览，政治家的政治活动与人民的文化生活浑然一体。德国人正通过这一看似微小的行动来努力在欧洲乃至全球重塑国家形象；美国国会大厦是华盛顿最显眼的建筑，每星期开放 7 天，参观者进入不需要任何证件；作为澳大利亚最高权力机构的国会大厦，任何人、包括外国人，都可以免费进入参观，甚至可以通过安检旁听国会的各种会议；与澳大利亚隔海相望的新西兰也将国会大厦每星期对外开放 7 天，并为游人提供免费讲解和参观。

由此看来，人民大会堂对公众是否免费开放看似小事，实则关乎整个国家的民主形象。人民大会堂对公众免费开放，公众得以身临其境地体会我国的人民代表大会制度、政治协商制度、选举制度等政治制度的实际运作情况，无疑会增强每一个中国人参政议政的积极性。如果仅仅是因为 30 元的门票，而使得大会堂应有的教育作用和民主氛围无法传递给大众，不能不说是一种遗憾。

同时，人民大会堂的免费开放，也标志着中国以一种更加民主、更加开放的姿态欢迎全世界人民的到来，是展示我国民主生活不断进步、不断发展的窗口。

第二，公共资源全民共享是社会进步的必然趋势，人民大会堂可率先供全体人民免费参观。

社会公共资源的建设应当由国家税收全面负担，纳税人履行了纳税义务，就有权享受国家提供的公共服务。图书馆、博物馆以及公园等都在公共资源的范围之内。北京市已将市内非世界文化遗产类的一般公园、博物馆免费对公众开放。目前，已有 15 个景点列入示点。杭州西湖从 2003 年就已经免费开放。在上海也有 120 多家公园是免费开放的。

从实际运作来看，这些场所的免费开放起到了非常好的效果，这对于推进我国精神文明建设、进一步发挥社会主义制度的优越性具有标志性意义。这些场所的免费开放，虽然会给管理带来巨大压力，也会产生运营开支及收入的问题，但是这些问题应服从于公共资源全民共享的需求，而不应成为阻挡社会文明进步的障碍。

随着我国经济的不断发展，会有越来越多的公共资源对全民免费开放。毫无疑问，人民大会堂也是公共资源重要组成部分，同时，还是有着特殊价值和象征意义的公共资源。在公共资源全民共享的制度化进程中，人民大会堂可做表率，人民大会堂对人民的免费开放将成为建立我国公共资源免费“为民所用”的标志性举措。

第三，参观费用收入微薄，对于大会堂日常维护贡献很小，免收门票不会给日常管理带来重大影响。

人民大会堂在1979年之所以要对外开放，是考虑到人民大会堂大部分时间都处于闲置状态，同时，中国正处于计划经济向市场经济转变的过程中，希望它能自创部分收入，以减轻经费压力。因此，人民大会堂陆续对外开放了国宴服务、场地租赁服务、旅游服务等。目前，人民大会堂已经成为一些公共活动和文化生活的重要场所。

就目前情况来看，通过参观收取门票费用，对于人民大会堂的日常维护和运营开支来说可谓杯水车薪。人民大会堂的建筑面积有17.18万平方米，有100多个面积大小不等的厅室，参观门票的收入对于大会堂的维护和开支会有帮助但作用不会很大。如果能通过国家财政补贴，解决大会堂的经费不足问题，使大会堂更好地为人民服务，成为中国民主政治的一扇窗口，并不会给国家造成新的、太大的负担，国家由此获得的软利益是金钱难以估量的。

基于以上的原因，建议有关部门研究人民大会堂免费对外开放的问题。

像保护航天员一样保护每个公民

刊发日期：2005年10月16日

作者：于　平

“神六”的太空之旅中的飞天英雄如何安全归来的问题正受到舆论的高度关注。令人欣慰的是，此次“神六”发射，把航天员的安全问题作为发射工作的重中之重。

载人航天器在设计时把安全性放在首要位置考虑，因此，在应急救生上下了很大功夫，飞船上的软件有1/3用于应急救生。飞船在轨运行期间设计了150余种故障模式，并逐一制定了对策。

据央视报道，为迎接航天员的返回，内蒙古四子王旗和酒泉卫星发射中心主、副两个着陆场，已经做好了充分的准备，一场庞大的搜救行动即将打响——在空中，战斗机、运输机、直升机、伞兵正处于待命状态；在地上，一个由高科技指挥车加上各种车辆组成的地面搜救队伍已经整装待发。此外，针对各种可能的意外，如航天器舱门无法打开、航天员落入森林、直升机无法降落等，有关方面也做好了应变准备。除两个主、副着陆场外，国内外还有11个航天器应急着陆场，外交部特别设立了一个临时的机制，跟可能成为着陆点的国家随时进行沟通。

为了费俊龙、聂海胜两位英雄平安归来，有关方面调动了庞大的资源，做了最坏的打算，把应急措施制定得细致入微。可以看出，此次“神六”发射不仅是中国火箭和航天器技术的又一次提升，更是中国航天发射应急机制的大进步。

如何确保航天发射中人员的安全，这个工作曾经没引起足够的重视。央视关于“亚洲一号”卫星的回顾报道中曾披露这样一件往事，当年一群美国专家登上发射塔时，首先关心的不是火箭和卫星，而是问中方专家“紧急逃生装置在哪里？”得到的回答却是“没有紧急逃生装置”。美国专家听到这个答复后，拒绝在发射台上工作。此后，我国借鉴国外经验，在发射塔上增加了紧急逃生装置。

回首往昔，再看看今天的“神六”，航天事业“以人为本”理念的形成令人欣慰。航天事业的安全“大于天”，这里的安全不仅是火箭飞船等硬件的安全，更是每一个航天员、每一个默默无闻在幕后奉献的“航天人”的生命安全。中国的航天水平不仅仅表现在火箭、飞船、卫星的制造工艺和技术含量上，表现在发射的成功率上，更表现在每一个“航天人”能否获得完善的安全保障上，更表现在国家在航天发射应急措施中的投入和重视程度。“人始终都是终极目的”，这样的理念不仅适用于航天事业，我们应该用保护航天员生命的态度，保护好每一个公民。

转型期的中国，正处于安全事故的高发期，每年因此伤亡的公民数量惊人。剖析这些事故，我们发现，大多时候这些悲剧是可以避免的。只要我们像“神六”发射那样，把公民的生命安全提到一个极限的高度，充分地进行安全的投入；只要我们像“神六”发射那样，把应急措施制定得更周全，把后果按照最严重的情况加以估计，我们将能挽救更多的生命。

每一位公民在面临危险或可能的人身危险时，他们都是平等的，他们的生命无贵贱之分。一个航天员的生命需要举国重视，一个农民工的生命同样值得举国重视，确保航天员的安全，我们需要调动一切可利用的资源，同样，挽救一个农民工的生命，我们也要不惜人力、物力，不计成本。每一个公民都是国家宝贵的财富，失去任何一个鲜活的生命都将是国家的损失。

我们祝愿飞天英雄凯旋归来，我们也希望，每一个经历危险历程的公民，都能在国家的庇护下最后平安无恙。

以沉默应对舆论永远是下策

刊发日期：2004 年 11 月 5 日
作者：艾　君

深圳市一部名为《时差七小时》的电影正在引起全国的关注。先是深圳市 5 个部门联合下文号召全市中小学生观看这部电影，随后有人披露，主演这部影片的女孩妞妞是目前深圳市某高官的女儿，接着有媒体更进一步了解到，这位年仅 25 岁、一直在国外留学的妞妞，在 3 个公司中竟然拥有累计 769 万元的股份。

分析这件先由网络披露、后由传统媒体报道的事件，的确有几个可疑之处。

第一，政府部门向学生“推销”某部电影，显然违反市场规律和政策要求，也必然要引起学生家长的不满，那么，多个部门为什么要冒着风险这样做？第二，一个还没有工作的女孩，何以有巨额资金投办公司？第三，如果真如有人所辩解的，妞妞其中有些股份是别人“零转让”给她的，那么别人为什么要把数百万的好处白白送给她？还有，她从 1995 年起，先后到英国读了中学、到美国读了三个大学，这些昂贵的留学费用又是从哪里来的？

当这些问题一一摆在公众面前，已经不可避免地指向了她的身份背景，“她的这一切是否和她的官员父亲有关”——公众期待得到这个问题的答案。这也是众多媒体相继调查、报道的原因。

可是，我们仍然遗憾地看到，尽管网络上已是人声鼎沸，国内多家报纸也报道了此事，但深圳有关部门一直没有对“女主角的身份与推介电影的关系”做出任何“官方回应”。

记得在去年年底哈尔滨“宝马撞人案”发生之后，网络上盛传某高官与肇事者之间有怎样的亲属关系，为此，黑龙江省有关部门的官员和涉及的官员本人先后通过媒体进行辟谣，事后有关部门的调查也证明此事和官员本人无关。这件事的意义在于，政府部门甚至官员本人直面和回答舆论的质疑，澄清对政府和官员本人不利的事实，既体现对民意和媒体监督权的尊重，也有利于修复政府可能受损的形象。反之，如果对社会舆论置之不理，公众就容易更深信原来的怀疑，加重对传言的误解。

就深圳“电影事件”来说，或许有关部门已经在进行着某种调查工作，或许打算在调查清楚之后才公布结果。然而，公众有权知晓的不仅仅是结果，也包括调查的过程。哪怕只是坦率地告诉公众刚刚开始了调查工作，也至少表明政府听到了公众的声音，表明了对事件的重视态度，表明了愿意接受公众监督的意愿。

想当年，网络上一篇文章《深圳，你被谁抛弃》曾经引来深圳市主要负责人和该文作者的一番对话。这件事的处理成为一个佳话，流传至今。但是，我们也发现一个怪现象，公众对一些公共事务所提的意见，许多政府部门的官员已经可以比较虚心地接受，但对涉及官员个人的非隐私的公众疑问，目前似乎还是一个禁区，很少有部门能够及时站出来表明态度、回答疑问，包括对官员有监督之责的纪检监察部门。而事实上，对公众关于官员个人疑问的回应，已经不是官员个人的私事，建设法治政府，实现公众对政府的监督，不可能把官员个人的情况置之度外。

沉默永远是应对舆论的下策。对公共事件如果不及时回应，等到社会舆论已经形成热点，再来面对，要想彻底消除影响，显然比一开始就应对要困难得多。在信息发达的时代，公众对官员的监督有了更多的渠道，政府听从民意，就要使官员们习惯舆论的监督、承受舆论的压力、解答舆论的质疑，同时建立对舆论负责的机制和环境，改变某些人对社会舆论“无可奉告”的习惯。

警惕以人民的名义对付人民

刊发日期：2004 年 5 月 18 日

作者：十年砍柴

嘉禾县珠泉商贸城拆迁引起姐妹离婚、公务员停职的事件被媒体曝光后，我的第一个反应就是：尽管诸多媒体介入此事，政府不能直接参与拆迁的规定也众所周知，但当地的决策者不可能随随便便认错、认输。他们的心态纯粹和“末路心态”类似，当然，他们并非是向自己同学举起铁锤的马加爵，他们都是些为人民服务的公仆。但此事一旦暴露，如果立马停止拆迁，将殃及池鱼的公务员、教师调回原来岗位，就等于承认他们错了，一旦如此重大的决策错了，深究下去，也许会拔出萝卜带出泥。如果等待更多真相浮出水面，也许一些人将会丢掉乌纱帽。

所以，他们必须坚守这道防线：我们的决策和做法是正确的。一旦这道防线失守，必定会引起多米诺骨牌效应，全线崩溃。所以，他们采取的回应措施是以攻为守，将“妨害公务”的拆迁户逮捕、加快拆迁工作造成既成事实、“监督”或阻挠新闻采访。他们现在的妙策就是“挺”字诀，让媒体疲惫放弃跟踪报道，对上级部门虚与委蛇但求糊弄过去。挺过去当然万事大吉，挺不过去再说，因为他们已经不能再回头了，如湖南当地一句俗语“落雨背稻草——越背越重”，再重的稻草也要咬牙背下去。

最初一个谎言要想不被戳破，必须要不断地追加谎言，进行持续包装；最初的错误不想纠正，那么也必须不断用错误来打造，维护最初的错误。于是我们看到谎言与错误就像滚雪球一样，越滚越大。

在嘉禾的拆迁风波中我们看到当地政府应付危机的具体方式，便是不断声明当初决策的种种合理性：上符合中央精神“是体现科学发展观和以人为本的龙头项目”，下符合民意“充分体现了全县人民的意志和利益”。这是一些地方官的一贯做法，庙堂之上任何正确、英明的决策，必定会成为他们任何一种肆意行为的外在标签，反正解释权在他们自己那里，你说他们自说自话，他们也无所谓，而“民意”自然什么时候也少不了。

于是，我们看到了一幕很有意思的对峙：没有具体个人，只有一个集合概念的“人民”在和单个的、活生生的当地居民进行交锋。一方面是保护自己住房有名有姓的居民和因为没做好家属工作而被免职或离婚避祸的公务员、教师，如李会明、李爱珍、李湘柱、李红梅等等；另一方面则是署名为“嘉禾老干部”，控诉央视的报道“已给嘉禾的发展和嘉禾人民带来了极大的负面影响”。既然这样热爱嘉禾、如此义正词严，为什么不具体署名？这样也好让媒体深入采访，让这些“老干部”在媒体上详细说明其理由呀。

“人民”变得无名无姓，而那些有名有姓的被拆迁户是不是人民？如此打着人民的旗号来对付人民，值得我们警惕。

打破官员职位的“超稳定性”

刊发日期：2004 年 4 月 17 日
作者：曹 林

几条有关“政府以问责处理失职官员”的消息是近一两天来媒体上最热的新闻了，“中石油总经理马富才因川东特大井喷事故引咎辞职”“北京处理密云灯会特大伤亡事故责任人，县长引咎辞职”、“网吧夺去 3 少年生命，重庆副市长向全市人民检讨”。

针对这几条新闻，评论大多集中在官员问责这个层次上，笔者更关心另一个层次的问题，就是“引咎辞职”、“向全市人民检讨”等这些问责仪式的经常性和制度化对政治权力的神秘性产生的解构作用：以一种公众喜闻乐见的公开惩罚方式解构了传统政治权力面对平头百姓的不可侵犯性，政治权力在这种解构中走下高高在上的神坛，打上了“世俗化身份”的烙印，这个结果更利于世俗的公众以对等的身份与之沟通，对其监督。

毋庸讳言，昔日的政治权力在平头百姓面前确实有一种不可侵犯的神秘特质，这种“不可侵犯”表现在官员职位的超稳定性和官员形象的神圣性上。职位的超稳定性很好理解，在我们的政治生活中，除了任期的换届，或者是正常调动，抑或涉嫌大案要案这些变动，官员的职位是相当稳定的。无过便是功，有过还可以推，实在推不了还可以调到其他地方照样当官，这种惩罚的时滞赋予了官员职位的超稳定性。

再就是官员形象的神圣性上。在大多数时候，展现在公众面前的官员形象似乎是一种只具进攻性的神圣形象，会议上雷厉风行的发号施令，工程现场指挥若定的决策拍板，潇洒地跟老百姓握手，严厉地训斥下属等等，官员的世俗化形象被权力的外衣包裹得严严实实。这种形象自然造成了官员与百姓的身份鸿沟：官员在百姓面前的身份和心理优势，百姓在官员面前的身份自卑以及由自卑延伸出的“媚”和“怕”。试问在这种身份自卑和“媚”与“怕”之下，社会如何实现对官员的监督？

而“引咎辞职”、“向全市人民检讨”和这些问责仪式经常性并制度化后，官员的神圣形象被打破了，现在百姓面前是这样一个世俗化形象：有了错就低头认错，有了错就承担责任引咎辞职，官不是那么好当的，不尽心尽职，随时都有可能丢官——官员职位的超稳定性和官员形象的神圣性被解构了。一旦神圣的光圈消散去，剩下的就是“有错认错、有错负责”的世俗化身份，这个身份更适合被监督，更适合养成执政为民的政治道德。

新闻发言人要注重“时效性”和“客观性”

刊发日期：2003年12月12日
作者：艾 君

新华社发布消息，对我国的新闻发言人情况进行了“小结”。目前，我国的新闻发言人制度已从国家部委推广到地方区级政府部门，今年国务院新闻办已经举办了两期新闻发言人培训班，来自66个中央、国家机关和各省市单位的177位学员参加了培训。随后南京、云南、重庆等几十个地方的新闻发言人相继登台亮相。

设立新闻发言人的好处和必要性不言而喻。通过权威部门的声音，避免了“小道消息”的传播，保证了媒体和公众的知情权，促进了政府工作的透明度。新闻发言人制度既是现代民主的需要，也是我国政治文明建设进步的体现。

但是，我们也看到，尽管新闻发言人已经“遍地开花”，但它毕竟是个新生事物，再加上信息公开法等与之相关的基础性的法律还没有制定，所以新闻发言人制度还只能在探索阶段。国务院新闻办主任赵启正曾经表示，“中国的新闻发言人制度已经初步规范有效，但还需要进一步发展完善”。

完善新闻发言人制度需要一个过程，在目前，我们可以利用现代社会对政府工作的透明度的要求以及新闻传播的基本原理，在一些最基本的层面上构建新闻发言人制度的基本框架。

我们注意到，在此前的各种评论中，对新闻发言人的要求大多着眼于新闻发言人制度对政府工作的改进上，认为这样做可以“使国家政府工作能够公开、透明”，对此观点我们表示认同。但是，还有一个重要方面不能忽视，就是要把“新闻”理念更多地引进新闻发言人制度。

新闻发言人，顾名思义，是“新闻”的发言人，属于广义上的、没有记者证的“新闻从业者”。和传统意义上的“新闻工作者”不同的是，他们没有在传统的媒体里工作，而是在政府部门履职；他们只对该政府部门职责范围里的“新闻”负责，不像新闻记者那样有权对所有领域里的新闻进行采访。

尽管有以上的不同，但在如何对待“新闻”方面，新闻记者和新闻发言人还是有很多的相通之处。新闻，是“新近发生的事实的报道”，时效性和客观性是新闻的最基本的特性。那么，用新闻的这些特性来要求新闻发言人，也应是题中应有之义。

“时效性”对新闻发言人的信息发布时间有了限制，目前的新闻发言人制度一般规定定期发布信息，有一星期的，也有半个月、一个月的。这样的周期显然有些长，应该建立信息的随时发布机制，有些重大事件甚至要在几个小时内就应该有权威的信息发布，不必等到事件结束才做总结性的“通报”。因为政府部门是行政信息的天然垄断者，以“新闻”的眼光和智慧来处理，就要求新闻发言人主动地和传媒沟通，及时发布这些信息。

“客观性”要求新闻发言人尊重事实，原原本本地公布事件真相。尤其是突发的恶性事件，有些政府部门不愿意公开，也就要求“自己”的新闻发言人要么闪烁其辞、答非所问，要么干脆“无可奉告”，这与新闻的原则背道而驰。新闻发言人不能成为某个部门甚至某个领导私利的代言者，而要对事实负责，对公众负责。

一个人和一亿人的命运

刊发日期：2003 年 11 月 15 日

作者：孟　波

连日来，安徽芜湖乙肝携带者张杰（化名）的命运，引起媒体和公众极大关注。媒体纷纷把他状告芜湖人事局的消息处理到显著位置，网民跟帖也十分积极。

6 月份，应届大学毕业生张杰在安徽芜湖县委办公室经济管理人员公务员招考中，笔试和面试均获得第一名，但在体检中被查出曾经感染过乙肝,最后被芜湖人事局拒绝录取。11 月 10 日张杰以“歧视乙肝患者”为由将芜湖人事局告上法庭，12 日当地法院受理了此案。

此案引起广泛关注，有多种因素的叠加：第一，媒体称此案是中国首例由“乙肝歧视”引发的行政诉讼；第二，此案可能是继山东齐玉苓案后中国第二例宪法诉讼；第三，此案有一个特殊的背景，今年 4 月浙江大学生周一超因为乙肝未能就业从而将一名政府工作人员杀死。

不过，此案之所以引起关注，一个最可能的原因应该是，目前，中国像张杰这样的乙肝病毒携带者有 1.2 亿人。而这些乙肝携带者在就业、生活和工作正遭受着不同程度的歧视。

科学表明，乙肝病毒主要传播途径为医源性传播和性接触。新生儿和婴儿最易感染乙肝病毒，而大部分成年人完全能够依靠自身免疫力将病毒拒之体外，感染几率仅为 2%。

同时，我国《病毒性肝炎防治方案》规定，乙肝病毒携带者不应按现症肝炎病人处理。除不能献血及从事直接接触入口食品和保育工作外，可照常工作和学习。《国家公务员录用暂行规定》第 14 条第 1 款对体检标准作了原则性的规定，即“身体健康”，第 2 款规定“经录用主管机关批准，可适当放宽限制”。《劳动法》对于身患何种疾病不能从事何种职业，则无明确的规定。

由此看来，正是乙肝传播常识的缺失和法规的弹性规定，让乙肝患者遭遇了极大的不公平。这种不公平不仅仅体现在就业，工作就业权利的被限制和被剥夺上，而且也体现在心理的被挫伤上。而这种看不见、摸不着的伤害有时往往更为长久。

现在，张杰一案法院已经受理，我们不想对案件本身进行没有必要的评论。但是，可以想见，无论这个案件的走向如何，无论法院的判决如何，都必将引起极大关注。

中国法系不属判例法，但是此案有可能影响以后类似案例的判决。如果最后张杰胜诉，那么就可能出现更多的效仿者，他们将可能会走上法庭主张权利。

当然，也有人不这么看重案件的输赢。张杰的律师四川大学法学院周伟教授说，这场官司的输赢不重要，其意义更为重大。如果能够以这起案件的诉讼为由头，推动政府、个人树立起宪法至上的观念，在宪法的基础上，能够正确行使权利，这才是最重要的。

张杰则说："我知道这场官司不好打，但是我真的不希望自己和周一超的事再次发生在别人身上。"

"每个人即是大家。"萨特说。

新京报

品质源于责任

新京报十周年丛书

第二章：法治观察

让人民有一个可以信赖的地方去讲道理。一般情况下，如果可以讲道理，人民就绝不会不讲道理。

人的行为有万千种，指望法律中一定会载明自己做的这件事合法，实在是奢望。其实，恰恰是执法人员有责任证明自己抓人合法，普通公民没有义务证明自己不违法。

现在，真正的爱国就是要告别“义和团”式的爱国。不能说，因为爱国，就可以为所欲为、无法无天。

唐慧败诉，“法律精神”何在？

刊发日期：2013 年 4 月 15 日
作者：刘子溪

湖南“上访母亲”唐慧起诉永州市劳教委一案，4 月 12 日在湖南永州市中级法院开庭审理，法院最终驳回了唐慧要求永州市劳教委道歉、赔偿的诉讼请求。败诉的唐慧在走出法庭后失声痛哭，表示“再也不相信司法”，但她依然会向湖南省高院提起上诉。

唐慧蹲在法院门口痛哭的画面，让很多人为之动容、为之愤怒。就案件本身而言，横亘在人们眼前的、令人尤为不解的一个疑惑是：既然湖南省劳教委已经撤销了永州市劳教委的劳动教养决定，永州市劳教委也当庭承认对唐慧的劳动教养决定“明显不当”，那为什么唐慧还会败诉？

唐慧认为永州市劳教委的决定违法，永州市劳教委则认为只是不适当，按照永州市劳教委的代理律师的说法，“不当不是违法，‘明显不当’是合法范围内的‘不当’，不属于行政诉讼法违法的情形。”

那么，在湖南省劳教委不确认劳教决定违法的情况下，法院能否直接审查该行为违法与否？回答是肯定的，这也正是 2012 年修订的国家赔偿法的成果之一。因此，问题的关键又回到了对唐慧的劳教决定合法与否。

从公开获得的资料来看，唐慧在上访过程中，确有拦车、跪地堵门、在永州中院立案大厅滞留 15 天等行为。但设身处地想一想，假如我们是唐慧，能不能比她表现得更理性和“守法”？即便一个母亲因为女儿遭强奸并被逼卖淫，在上访过程中有扰乱办公秩序的行为，是否必须对其劳动教养？至此，问题的核心转变为，对上访人员进行劳动教养的合法性何在？

劳动教养并无全国人大及其常委会所颁布的法律予以规定，全部依据只有国务院所颁布的行政法规《劳动教养实施条例》。然则，根据《行政处罚法》，剥夺公民自由必须由全国人大及其常委会制定法律。因而，仅从这一点来看，劳教条例本身便是违法。根据这一条例所作出的劳教决定，是典型的“毒树之果”。

可惜的是，法院对抽象行政行为尚无审查之权，更遑论对行政法规进行合法性审查。因此，唐慧面临的不公待遇，其真正的不公来自于劳教制度本身的不公。然而，面对这一不公，当前的司法是无能为力的。

只是，疑惑仍然横亘在人们眼前：既然合法，为何又要撤销？既然“明显不当”，为何又不赔偿？“毒树之果”无法下咽，先天就不公的决定如何让人们信服？如果再不纠正，所丧失的将不仅仅是公信力了。法律应该抚慰这样的母亲、女儿和家庭，而不是增加更多的困扰、焦虑和不公正。

“叔侄冤案”：纠错过程为何这么难

刊发日期：2013 年 4 月 5 日
作者：徐明轩

据新华社报道，浙江的张高平、张辉“叔侄冤案”历经近十年，前不久终于平反。近日，参与“解救”叔侄俩的一名已退休检察官，向媒体讲述了整个翻案过程，让人再次感受到这样一起并不复杂的冤案，纠错过程却是异常艰难。

2004 年判决的这起冤案，当初判决有罪的证据明显不足：死者指甲里的 DNA 与张氏叔侄不匹配，警方没有找到任何物证痕迹，两个嫌犯的口供相互矛盾……如果司法机关能严格坚持《刑事诉讼法》规定的“无罪推定”“疑罪从无”，有一个证据存在疑点，就不应该定罪。但正是当地公检法机关的层层失守，最终导致冤案的发生。

更让人匪夷所思的是，一旦冤案形成，即使出现了足以推翻判决的新证据，纠错竟也是阻力重重。

张高平在服刑地不断申诉，甚至感动了石河子市检察院驻监检察官张飚。石河子市检察院调阅材料后，也发现了几个疑点，随后多次向浙江发函，但多年石沉海底。

2008 年，河南马廷新案全国轰动，牵出了“狱侦耳目”袁连芳。离奇的是，当初在“叔侄冤案”一审有罪判决中，26 条证据几乎都是事发前后的间接旁证，只有这个“袁连芳”的证词称：张辉在看守所里自称曾奸杀过一名女子。

那么，浙江警方，以及为袁“立功”减刑的法院，不可能不知道：既然袁已参与制造了一起冤案，那么理应对于涉及他的其他案件主动进行复核，勇于承认错误，但是我们没有看到，否则此案 2008 年就应该平反。相反，是远在千里之外的石河子市检察院核实两案中的“袁连芳”是同一个人。

但即便石河子检察院做了大量调查核实工作，一再给浙江法院、检察院寄交申诉材料，检察官张飚甚至还曾亲自致电浙江省法院，但都未能启动再审纠错程序。

从制度上说，我国的刑事再审程序的启动，事实上只以生效判决“确有错误”为前提，这有很明显的主观主义色彩；从程序上说，一般由司法机关通过书面检查启动，没有当事人律师、证人直接参与听证程序。哪些新证据能证明原判“确有错误”？由司法机关，甚至是由原审法院来认定，这就增加了翻案难度。

因此，如果不是新疆检察官的一再坚持，不是媒体报道的推动，或许这起冤案至今沉冤难雪。现在浙江省公安厅通过官方微博，向当事人及家属道歉。但是，那些自认为办案“无懈可击”的司法人员，至今没有受追究；一再忽视石河子检察院递交的申诉材料的法院、检察院，又该承担怎样的责任？

对这起荒唐冤案的纠错和反思不能就此结束。需要有对具体人员的问责，也需要相关法律制度的完善。

爱国不需要民粹和暴力

刊发日期：2012 年 9 月 16 日

作者：于德清

在保钓问题上，绝不能允许以维护国家利益为借口，抛弃法律，伤害其他公民的合法权益。

昨日，“平安北京”发布微博称，部分民众自发地来到日本驻华大使馆门前，挥舞国旗，呼喊口号，谴责日本“购买”钓鱼岛这一非法行径。在表达爱国热情过程中，大家都保持了理性的态度，配合现场民警引导，现场秩序井然。其他城市也有民众自发表达了自己的爱国热情，谴责日本政府“购岛”。

日本政府“购买”钓鱼岛的非法行径，侵犯中国主权，激起了中国民众的强烈不满。中国民众利用周末休息时间，抗议日本政府“购岛”，表达自己的爱国热情，实在是非常正常的事情。

日本政府应该从中国民众的爱国热情、保钓口号当中，读懂中国的民意。日方如果继续侵犯中国国家利益，伤害中国民众感情，继续刺激中国民众的情绪，那么，伤害的将是中日民间交往，进而动摇中日关系的根基。

民众在表达爱国热情的同时，也要意识到，要理性爱国、文明爱国、守法爱国。爱国，不需要民粹和暴力，不需要以牺牲国内正常社会秩序为代价；爱国，必须向“打砸抢”说不。

尽管，那些有暴力倾向的打砸抢的“爱国者”是极少数，但是，他们的社会危害，却相当大。据报道，近来，网上爱国车贴热卖，买者大都是日系车主。也有一些日式餐厅，尽管老板都是中国人，也不得不贴出爱国标语，表明同胞身份。他们都担心自身财产的安全。

各地陆续出现的一些“打砸抢”现象表明，个别人的“爱国”走错了方向。他们或许没有意识到，如今的爱国内涵和 100 多年前早就已经不同。爱国不再只有民族主义一个内容，而是要在民族国家的基础上建设一个法治、文明、民主的现代国家。而当代的爱国者，也是这个国家的公民。

现在，真正的爱国就是要告别“义和团”式的爱国。不能说，因为爱国就可以为所欲为、无法无天。不能说，在保钓问题上，以维护国家利益为借口，就可以抛弃法律，就可以伤害其他公民的合法权益。

一方面，我们继续呼吁，民众理性爱国，做爱国的公民，而不是做“害国”的暴民；另一方面，也需要各地政府部门应积极承担起维护社会秩序的职责，将个别打着爱国旗号而“打砸抢”的人绳之以法。

9 月 13 日，深圳警方证实，4 名人员在 8 月 19 日抵制日货中打砸日系轿车，已经被检察院批捕。在一个法治国家，这样做是对的。各地政府也需更加积极履行责任，不只是事后追究，而是做好应急预案，维持好社会秩序，在有些违法犯罪行为出现端倪之际，就依法果断采取措施，及时予以制止，以鲜明的态度和强力的措施，确保公民合法财产不受侵犯。

爱国不是让国家更糟糕，而是为了让国家更美好。爱国既需要捍卫共同的国家利益，也需要捍卫共同的价值。民众在表达爱国热情时，理性而守法，才值得称赞，也才能向外界展示一个国家强大的内在力量。

劳教冤案“纠错”不能总在曝光后

刊发日期：2012年9月13日

作者：沈　彬

2009年9月，重庆打黑如火如荼时，市民彭洪在天涯网上，转发了打黑漫画《保护伞》，并加点评“这把伞好怪哟”。结果，彭洪居然被当地公安劳教两年。去年9月10日，他“刑满”释放。近期，他的案件被广泛报道后，9月10日，重庆市劳教委撤销了对彭的劳教决定。警方向他表示，可以“内部纠错”。

彭洪只转发了一幅漫画，明显缺乏社会危害性，如此被劳教，起码不符合公安部门的规定。

2005年公安部《关于进一步加强和改进劳动教养审批工作的通知》等文件，就明确了“全面聆询制度”在作出劳教决定前，当事人有权申请聆询；公安机关还要听取律师的意见；对不予采纳的意见，要在劳教决定书中说明理由。这些制度如果得到落实，彭洪之类的错案势必将大量减少。

程序上说，彭洪被处以劳教，却没有被告知他有权提起行政诉讼，甚至连劳教决定书都没有，就更别说他没得到律师辩护了。显然，当地公安机关的行为属于明显违规。

实际上，还有一些劳教案也不应发生。比如上个月闹得沸沸扬扬的唐慧案。唐慧的女儿被胁迫卖淫，但负责此案的湖南永州警方消极办案。唐慧多次上访，却被警方劳教一年半。2009年江苏常州市民朱玉等3人来京上访，因为曾经逃票1元钱，居然被千里之外的家乡公安处以劳教1年。

这些案件中，当地都是把劳教作为打压批评监督、要挟公民的手段，这也严重扭曲了劳教制度“社会矫正”的本意。

彭洪、唐慧还是幸运的，他们得到了媒体的关注。在十目所视、十手所指之下，案件的处理进入了“快车道”，很快被撤销了劳教决定。

但遭到类似不公正待遇的公民，还有没有？

2003 年，我国的公检法曾联合集中整治了超期羁押问题，到 2004 年 11 月，全国超期羁押纠正率为 95.9%。2009 年，“躲猫猫”等看守所在押人员死亡案件发生之后，公安机关集中治理了牢头狱霸，并对全国的看守所、派出所逐步完成了技术改造。这说明，在既有的法律框架内，司法机关纠正错案、防范公权违法的工作，有先例可循。

由于历史原因，短期之内劳教制度可能难以有根本的改革，但至少，希望有关部门能以唐慧案、彭洪案为突破口，像当年集中清理超期羁押那样，在近期集中复查涉嫌滥用劳教制度的“错案”，还彭洪们一个公道。迟到的正义不是正义，愿正义来得更早些。

巧家爆炸案：当初表态何必那么“急”？

刊发日期：2012年8月8日

作者：袁伊文

据新华社报道，8月7日，云南省昭通市公安局宣布轰动一时的“5·10”巧家爆炸案告破，犯罪嫌疑人为邓德勇、宋朝玉，他们花了100元雇用赵登用，让他进入拆迁赔偿现场，并用手机实施遥控爆炸。赵并未参与策划本案。

5月10日，巧家县某社区便民服务大厅发生爆炸案，造成4人死亡。当地政府很快就把嫌疑人锁定为已当场死亡的赵登用，否认爆炸与当地征地拆迁有关；并称赵有“犯罪记录”，其性格孤僻、言行极端，有报复社会的心理。当时，巧家县副县长、公安局局长杨朝邦甚至以“局长的前程”来担保，赵就是嫌疑人。

然而，赵登用是清白的，他只是本案的受害者之一。针对巧家县公安局在此前的通报中因表述不严谨、不确切而给赵登用及其家属带来的误导和影响，昭通市公安局已做出了诚恳道歉。

除了道歉，更应该反思本案的前期办理过程中，为什么猜想走到了证据的前头？为什么在证据远未达到“排除一切合理怀疑”的法定标准时，司法机关就急于替当地政府“解围”？

事实上，就在爆炸案发生前几天，事发地就发生了因为征地纠纷而故意焚烧摩托车的案件，所以当时舆论矛头指向了当地政府可能的失职。但在未查清案情的情况下，官方却以赵登用在网上的只言片语为依据，急忙提出“报复社会”说。

但是，警方所称赵“有犯罪记录”，只是因为打架被行政拘留过；至于他的所谓“言行极端”，不少媒体引用他的老师、邻居的话称他“为人憨厚”；再者，赵登用根本不懂爆炸技术，如何实施爆炸？在这些巨大的问号面前，“报复社会”说的证据链是如此弱不禁风，也牵连到当地政府和司法机关的公信。

现在真相大白了，赵是被人利用的“肉弹”；具有讽刺意味的是，真凶邓德勇、宋朝玉正是因为“对被征收土地和房屋补偿不满”才实施的爆炸，而案发之初巧家县政府就坚决否定此案与“征地”有关。除了对赵家的道歉、赔偿，巧家县有关负责人也应对这起恶性事件承担责任。

在事实不清、舆论压力巨大的情况下，该怎么办？最老实、也是最负责的态度，是先彻底查清案情，不留死角，把案件的前因后果——如何取得炸药、使用什么起爆装置、有没有同谋等犯罪事实——调查明白，然后及时公之于众。相反，在未查清事实的情况下，企图先声夺人，只会弄巧成拙，自贬公信。

唯有司法保持中立严谨，敬畏真相，不屈从于权力的短期利益，才能形成坚实的司法权威，也才能作为疏导民意、化解误会的中流砥柱。这是赵登用“乌龙事件”应该记取的教训。

“法律至上”就没有迈不过的“乌坎”

刊发日期：2011 年 12 月 22 日
作者：龙　树

如果当地政府一开始就秉持法治原则，坚持民意为重，以“最大决心、最大诚意、最大努力”面对群众的合理诉求，乌坎事件可能不会发酵得如此影响巨大。

据《南方日报》报道，12 月 20 日，中纪委委员、广东省委副书记朱明国在陆丰市干部群众大会上宣布，省委、省政府高度重视和关心乌坎村群众的利益诉求，决定成立省工作组，以最大决心、最大诚意、最大努力解决群众的合理诉求，尽快恢复乌坎村正常的生产生活和社会秩序。此前一天，汕尾市已表示收回被征耕地，乌坎村党支部书记、村委会主任已被“双规”。

据报道，自 2009 年 6 月，乌坎村民就开始上访反映征地问题，今年 9 月 21 日后，出现了打砸公私财物和冲击边防派出所行为。11 月，乌坎村民又曾集体上访，之后事件逐渐被外界关注。

事件的最新进展让民众看到了解决乌坎问题的希望。显然，无论是乌坎村民，还是当地政府，以及诸多在网络上“围观”的公民，都希望解决问题，而不愿看到事件继续恶化。

朱明国在会上说，“坚持民意为重，以最大决心、最大诚意、最大努力解决群众的合理诉求”、“坚持法律为上，依法依规、讲情讲理，妥善解决问题”。这些话说得非常好。只要当地政府及司法机关尊重乌坎村民的利益诉求，坚持“法律至上”的原则，依法公正透明处置其中的问题，那么，就没有迈不过去的“乌坎”，乌坎事件也必定能顺利得以解决。

不过，话说回来，乌坎事件发展至此，当地已经付出了不小的“维稳”代价，值得吗？那么，问题又出在哪里？

对此，广东省委书记汪洋认为，“乌坎事件的发生有其偶然性，也有必然性，这是经济社会发展过程中，长期忽视经济社会发展中发生的矛盾积累的结果，是我们工作‘一手硬一手软’的必然结果。”这可以说是点到了乌坎事件的本质。

乌坎事件确实经过了一个矛盾长期累积且未能依法得到解决的过程。村民从2009年6月21日就开始向上反映问题，如果在这两年多的时间内，陆丰、汕尾的有关部门和官员，能够“以民意为重，以最大决心、最大诚意、最大努力”对待乌坎村民的合理诉求，坚持“法律至上”，依法解决乌坎的实际问题，多进行解释沟通工作，事情或许就不会脱离理性的轨道，打砸工厂等一系列事件或许就不会发生。

事实上，即便是最近，当地如能秉持法治的原则，乌坎事件可能不会发酵得如此影响巨大。

中国面临着发展机遇期，也是矛盾凸显期。在一些地方，矛盾甚至还十分尖锐，如果处理不好，极易引发群体性事件。另一方面，互联网时代也形成了“围观”的维权民众，扩大了事件的影响。这些新情况，可能让当事的地方政府面临着没有预料到的压力，甚至在这种压力面前，进退失据。

想强调的是，既然承认矛盾存在，首先没必要对此类事件“反应过激”，继而采取非理性的解决措施，反而可能激化矛盾。此时，最应该做的就是“讲法治”“讲公正”。地方政府“法治至上”，民众自然也会“理性至上”。因为这些事件的性质并不复杂，民众主要表达的都是利益诉求，并渴望实现公正。

回忆此前的瓮安事件、孟连事件，可以发现相似的处理逻辑，就是只要尊重民意、坚持法治、维护合法权益、打击违法犯罪，复杂的问题便能得到很好的处理。如今的乌坎事件，正在按照这样的逻辑在进行，那么事件的圆满处理便值得期待。而问题的关键还在于，其他地方从中应有所借鉴。

赵作海"有冤不申诉"令人错愕

刊发日期：2010年5月12日

作者：曹　林

赵作海与佘祥林确实惊人地相似——不过两案也有一处明显的不同：根本没有杀人，面对法院"故意杀人罪"的判决，佘祥林一直在进行不屈不挠的申诉，可赵作海却没有申诉。

为何被冤枉却不申诉呢？赵作海的解释是：之前在社会上生活并不好，入狱后感觉"生活稳定"，就不想再折腾，安心服刑，以求早日出去。

冤案让人震惊，不申诉让人错愕，而这种对不申诉的解释更让人匪夷所思。如果这是赵作海真实的意思表达，监狱让人流连，自由成为负担，这种反常的思维是对社会正义和现实更大的反讽。

不要惊诧于赵作海的选择。再看看这起案件的另一个主角，赵振裳。因为他患上了严重的偏瘫，知道自己活不久了，也是想追求生活的稳定，他知道：虽然会因"杀人"而入狱，却能得到政府救治。一个放弃逃亡，一个放弃申诉，这对冤家似乎都把监狱当成了避风港。面对他们的选择，谁也说不出"荒唐"，生出的唯有一声沉重的叹息。

为什么不申诉，另一个重要的原因可能赵作海没说，就是检察院已经断定"肯定存在刑讯逼供"。刑讯逼供完全驯服了这个"原先脾气很不好"（赵振裳描述）的人。逼供严重到了什么程度？从先前赵向其家人描述的"不说，他们就弄死我"、"打到最后，他们要我说啥我就说啥"可以看出来。从报道看，赵作海并非没有申诉，先前他进行过申诉，可后来他就闭口了，9次作了有罪供述，到底是怎样一种力量迫使一个未杀人者接受了死刑判决？可想而知是什么。

不平而鸣者，是对公平还存有希望的人，他还寄希望于鸣叫引起关注后能带来公平。可如果一个人在无尽的折磨中已经对"依赖法律讨回公道"失去希望，甚至认为自己的鸣叫和申诉会换来更让他受不了的刑讯逼供，叫法律法律不应，叫正义正义没有回声，他还会去申诉吗？这时候，只有"被杀者突然出现"才能证明他们的清白了。

李庄案是否存在“幕后交易”不能成谜

刊发日期：2010年2月10日
作者：子　且

李庄案审判成功的关键，在于是否弘扬了法治精神，李庄当庭向公众抛出所谓“诉辩交易”之谜，这种说法必然严重损害司法机关的公信力，让公众怀疑审判的公正。因此，重庆司法机关有必要作出进一步调查并向公众解释。

备受舆论关注的李庄“律师伪证案”二审宣判：李庄罪名成立，判处有期徒刑1年6个月，这比一审的刑期减少了一年。然而李庄一听到此，当庭高喊：“我在二审的认罪是假的……”

据其律师程子高透露，李庄从强硬不认罪，到二审时180度大拐弯“慷慨”认罪，自我检讨“不讲大局”，是因为开庭前几天“有重庆市某部门的两人曾先后到看守所找他谈话，而谈话的内容李庄始终守口如瓶，并一再表示是秘密”。而当其终审被判处一年半徒刑时，李庄就当庭大喊：开庭前有关领导做过他的工作，承诺只要认罪就判缓刑；开庭前，公诉人还让他撤回上诉。

不少媒体称李庄当庭大曝“诉辩交易”。何谓诉辩交易？这是一个英美法系的法律术语，用在李庄身上未必合适。

简单地说，即被告人通过有罪辩护而换取宽大处理。被告人认罪之后，可通过3个渠道实现“交易”：检方减轻指控、撤销部分指控，以及量刑交易——检方请求法官做出较轻量刑。在英美法系当中，司法审判采取严格的“当事人主义”原则，即法官不主动纠问、调查案情真相，检方更愿意通过交易的方式说服被告人承认犯了某种罪行，以了结没有多大把握打赢的官司，而法官对其中可能的问题是视而不见的。

而中国的刑事诉讼属于“职权主义”，司法机关必须“查清事实”才可做出审判，原则上杜绝了诉辩双方私下达成交易。更重要的地方在于，美国诉辩交易依赖于律师的充分介入，当律师觉得检方证据充分时，就会主动建议当事人认罪，其本质是公权和私权的妥协。没有律师的介入，所谓“诉辩交易”就很容易演变为对当事人的诱供，使被告人“自证其罪”，这就违背了法治原则。而据新闻报道，李庄在二审时认罪，似乎撇开了自己的律师。

当然，诉辩交易的一些因素在中国刑事诉讼中也有体现，比如“认罪态度”是法院酌情考虑的因素，但只是在法官自由裁量范围之内，并不是诉辩交易。

如前所述，诉辩交易制度在我国无法无据，因此在现实中所谓的“诉辩交易”，其运作管道自然要游离于刑事诉讼程序、法律监督之外。如果李庄自称的“承诺”存在的话，就属此类。

在任何一个刑事案件中，谁能向犯罪嫌疑人做出“认罪获缓刑”的承诺？按“起诉书一本主义”的法理要求，法官在开庭之前不能会见被告人，以免影响对案件的判断；检方固然可以会见，但其无法承诺减刑，因为判决由法院做出；或者做出缓刑承诺的官员可能既不是二审法院，也不是检察院，那么问题就更大了，因为宪法明确规定司法的独立性原则，法院、检察院独立行使司法权，不接受任何个人、组织的干涉。

缺少法律的明确规范，刑事案件审判中所谓的“诉辩交易”往往是于法有亏的、非法治的。据报道，重庆检方已否认检方曾给李庄缓刑承诺，这并不令人意外，本来检方就没这权力，那么，李庄案真相究竟是什么，是李庄在撒谎，还是有某种力量的介入呢？李庄案审判成功的关键，在于是否弘扬了法治精神，李庄终审之后当庭向公众抛出所谓“诉辩交易”之谜，这种说法必然严重损害司法机关的公信力，让公众怀疑审判的公正。因此，重庆司法机关有必要做出进一步调查并向公众解释：到底有没有所谓“交易”？李庄先后3次在法庭上的反常表现，又是为什么？

给“打黑案”辩护律师一点掌声

刊发日期：2009年11月10日
新京报社论

因在重庆涉黑案件中语出惊人，75岁的赵长青和43岁的周立太成为公共舆论中的话题人物。为“红顶商人”黎强辩护时，赵长青认为，公诉机关对黎强“组织领导黑社会”的指控证据不足。而周立太在接受媒体采访时说，“警惕打黑运动化、扩大化。”《武汉晚报》（刊载于2009年11月9日）的一篇报道称，两位律师的这些言论“遭到了公众和网民的批评”，为“黑社会”辩护的律师们被称为“黑社会的狗头军师”。

不过，对于“打黑案”辩护律师的舆论批判，并未像媒体所描述的那样“一边倒”。

如果点看一下网民在一些门户网站上的新闻跟帖，或一些知名论坛里的相关文章，就会发现支持赵长青等辩护律师的网民也很多。在某门户的一篇新闻页面下，一则咒骂律师“黑心”的评论被“顶”了26633次，另一个认同律师辩护职能的帖子紧跟其后，被顶了23388次。整体看来，正反双方差距不大。有的网站上，支持辩护律师的文章甚至还远超过反对律师辩护的文章。而且从评论的质量上看，反对律师辩护者，基本只有谩骂、诅咒与嘲讽，却说不出任何实质的理由。支持律师辩护者，基本都是从法治原则、人权保障、审判模式、司法文明等角度进行了解析。

诚然，因为普法工作的未到位，“无罪推定”还远远未深入每个人的内心。但也不能否认，这些年来，经由媒体的反复报道，已有众多公民了解、熟悉乃至接受了“无罪推定”、“程序正义”等刑事司法的基本理念。这就是为什么赵长青等为“黑”辩护的律师也能得到支持的时代背景。所以，媒体如果没有客观全面的报道，就容易给人以“网民怎么都不懂法”的印象，这不符合事实，也不利于法治社会的建设。

我们看到，即使是有超过一半的人支持律师，但也有近一半的人在反对、谩骂他们。这样的比例，在追求法治的今天，仍然要引起我们的忧思。

一个原则被重申多次：未经法院依法审理并确认有罪之前，涉黑被告人也仅仅是被告人，在法律上，他们也还是“无罪的人”。中国也曾有过忽视司法规律而混淆控、辩、审职能的历史教训。“公检法流水作业模式”实则将辩护职能排斥在外，这种只注重追究犯罪而忽略保障人权的司法模式带来了打击犯罪“扩大化”和“运动化”的弊端。1996年刑事诉讼法修订以后，“控、辩、审三角结构模式”得以初步确立，在司法理念上也开始转向追求惩罚犯罪与保障人权的平衡，辩护职能凸显出来。如赵长青所言：“判错一个人的危害，比抓不到一个罪犯更严重。之所以在刑事案件中允许被告聘请律师，既是保证其公民权利，也是一种对公权力可能出现疏忽的制衡。”

今日之中国，已不再是“严打”时代的中国，“打黑”也当依法而为。赵长青等辩护律师的出现，是中国法治进步的标志，他们的依法辩护也是对“打黑”的支持。我们应当给这些辩护律师一点掌声，同时，期待更多媒体能校正好自己的报道立场，做到客观、理性。

“公款吃喝是犯罪”会不会成为孤本？

刊发日期：2009 年 10 月 28 日
作者：王　琳

浙江省舟山市中级法院罕见地将公款吃喝费用认定为贪污款。对于公款吃喝，司法是被动的，但侦查是主动的，检察机关面对“吃喝能入罪”却无所作为或只是偶有作为，怕是难以向公众交待。

舟山市中级法院近日以贪污罪、受贿罪两罪并罚一审判处岱山县高亭镇中心卫生院院长傅平洪有期徒刑 11 年。引人注目的是，傅平洪用公款为自己吃喝玩乐埋单的 44 万余元也被法院认定为贪污款。（2009 年 10 月 27 日《扬子晚报》）

“吃喝玩乐”也按贪污定罪论刑，这一个案超出了大众对当今司法生态的认知。傅平洪成为新闻人物，以及有关该个案的报道登上各门户网的点击排行榜，全赖在此之前并无类似的个案发生。相反，流行于官场的“潜规则”是“工作就要吃喝，吃喝就是工作”，“吃吧喝吧不是罪，不进腰包无所谓”。这种“刑不上吃喝”的观念，在官员群体中“市场占有率”极高。就像“睫在眼前常不见”，司法机关也迎合了这一观念，“吃喝入罪”的个案姗姗来迟，当是大众心理、司法文化、监督机制等多重因素综合作用的结果。

当然，从《刑法》上看，“公款吃喝”问题固然未必都是罪，但“吃喝入罪”也并不存在法律障碍。依《刑法》第 382 条的规定，“国家工作人员利用职务上的便利，侵吞、窃取、骗取或者以其他手段非法占有公共财物的，是贪污罪。”国家工作人员动用公款吃喝，当然利用了“职务上的便利”，不论是公款，还是用公款购买的“吃喝消费”，当然也是“公共财物”。以公务之名实私人吃喝玩乐之实，符合“骗取”的特征，若不以公务之名而动用公款吃喝，则是赤裸裸的“侵吞”。

迄今为止我们对“三公消费”的准确数额依然不得而知。最近公开了部门财政预算的广州，也没有列明“三公消费”的数目。几年前有全国政协委员提供了一组数据称，各级官员每年花在公款吃喝上的高达2000亿元。这一数字触目惊心，却无从证实。但可以肯定的是，在公款吃喝远未得到遏制的当下，这一数字还将继续攀升。

反对将“吃喝入罪”的论者有一个似是而非的观点，他们认为在公款吃喝中无法辨别是公款公用还是公款私用，若要入罪，取证将是最大的难点。我们应当承认一旦司法启动对“公款私用”的问责，必将遭到不少的阻碍。这其中也确实有取证难的问题。但最难的恐怕还在于：哪个反腐机关有足够的道德力量来查办、控告和审判“公款吃喝”？法庭审理中，被查处之人大可质问庭上的检察官和法官，“吃喝确该入罪，但你们自己没有这样吃喝吗？”

舟山法院认定傅平洪贪污罪名成立的事实依据是：傅单独或伙同他人采用虚开、多开发票的方法，侵吞单位公款共计44万余元，用于支付个人餐费等开支。天底下的“公款吃喝”没有两样，最终都要表现入账。依此看来，取证虽难却也谈不上无从入手。问题还在罪与非罪之外。

从制度腐败的视角出发，我并不看好舟山此个案的“示范”价值。中国并非判例法国家，此案也注定难以成为最高法院向各级法院倾力推销的“指导性案例”。

无论如何，“刑也上吃喝”只有并非孤本，而是进入日常化司法的轨道，“公款吃喝”问题才有被遏制的可能。

律师做涉黑法官情妇的“隐喻”

刊发日期：2009 年 10 月 20 日
作者：黑格二

重庆打黑又有了新进展，除了黑社会团伙被捣毁、高官落马外，还有一批与涉黑案有关的律师也被查处。其中包括曾获“重庆首届十佳女律师”称号的胡某，她因与落马的重庆市法官学院原院长、重庆市高级法院执行局原局长乌小青相关而涉案。有知情律师向媒体透露，胡某系乌小青的情妇，这在重庆司法界已是公开的秘密。(《新京报》2009 年 10 月 18 日）

律师做了涉黑法官的情妇，自然成为了媒体关注的热点。律师居然沦为贪官的“情妇”，亵渎了法律，亵渎了公正，十足黑色幽默。不过，这目前只是个别律师的说辞，具体细节有待进一步证实。

律师傍法官，到底谁带坏了谁？这是个问题。不少地方都出台措施严控律师贿赂法官，把一些法官的堕落过多地归责于律师，这显然有失公正。我们不妨把“律师当法官情妇”看成一个隐喻，它折射出法治的不健全，在绝大多数资源还在被公权机关垄断的情况之下，律师生存环境尴尬，以致出现个别律师依附于异化的公权，勾结法官、斡旋行贿。

媒体披露此次涉黑案律师的涉嫌违法犯罪有两则，试分析如下。

一是侯杰律师在办理刑事案件时，涉嫌给警方办案的负责人奉上了巨额贿赂，以换得警方提供的“较轻犯罪情节”，此案他收了律师费 250 万元！真是让广大穷律师们羡煞。此案说明什么？一是个别警察是受贿的；二是受贿之后，罪名会变轻的；三是侯律师的贿金是送得出去的。原来侯律师曾是重庆市检察院检察官，人脉很广，有司法界的“及时雨”之称。侯律师为什么不在法庭上为当事人洗清罪名，而是要行贿呢？这是人家的强项，勾结公权勾兑正义，人家可能自打下海做律师之时，就抱着这样的“愿景”。行贿比律师的滔滔雄辩更有用，这难道不值得深思吗？

一个有意思的现象是，在许多国家，检察官和法官都是由资深律师担任，中国却出现相反的情况，不少检察官、法官下海当律师。照理说，普通人都想得明白，离职检察官、法官可能会利用之前的关系影响办案，造成司法不公，至少这是对于同行的不正常竞争。但目前的法律却没严加管制。相反不少律师正是利用这种“优势”，甚至公开在广告里宣传自己的“人脉”。律师落马根子是公权领域的腐败。

另一个案子更能说明律师的畸形生态圈。据报道，某银行申请执行一个案件，标的数亿元。原重庆高级法院执行局局长乌小青人为设置障碍，久拖不执行，当银行不得不改聘其“情妇”胡某后，判决很快成功执行。据称，仅此一案胡某就得到代理费4000万元。这是典型的法官与律师勾结的腐败方式。2008年落马的最高法院副院长黄松有，以及广东高院执行局局长杨贤才，也是用的这个“固定套路”。

如果当事人及其律师，对于判决执行有独立的话语权，有畅通的监督渠道，有成熟的异议表达机制，执行权不再是个别法官手中的私器，那么乌法官还能与胡律师互相勾结、疯狂敛财吗？如果在成熟的法治社会里，胡律师——这位中国西南政法大学的硕士，依靠自己的法学知识实现自己的理想，她有必要依附于黑法官吗？

律师做法官的情妇，显然不只是个别律师的道德问题，这理当引起我们更多的思考。

不穿囚衣出庭并非关键

刊发日期：2008 年 2 月 5 日
作者：萧　显

在英美等实行陪审团制的国家，刑事被告人出庭着装形象，可能影响着判决结果。但在中国，公正审判的关键在于庭审程序的进一步改进，在这个基础上，谈穿什么衣服出庭才更有意义。

按照四川省高级人民法院新近出台的《进一步规范刑事庭审工作的若干意见》，自 2008 年起，在四川省内各法院受审的刑事被告人，将被允许不穿囚衣出庭。按照有关人士的说法，上述举措既是全国首创，也是刑事司法的一大进步 (2008 年 2 月 2 日《成都商报》)。

让被告人身着日常服装，以干净、整洁的形象出庭受审，是无罪推定原则的最好注解，更是对法庭与被告人尊严的尊重，其积极意义当然值得肯定。不过，说上述举措是全国首创，却与事实并不相符，因为早在 2006 年，北京、厦门、佛山等地的法院已允许被告人着便装出庭，并不强制要求其身着囚衣。事实上，即便是《刑事诉讼法》也并未禁止被告人着便装受审。令被告人脱去囚衣，换上便装，更大程度上标志着人权观念的进步与转变。

那么，上述举措的法治意义与实际效果，是否真如媒体报道的那般显著，并称得上刑事司法的一大进步呢？笔者想从一名刑事法官的立场，简单谈谈看法。

在英美等实行陪审团制的国家，刑事案件的被告人，一般由普通公民组成的陪审团决定其罪名成立与否，由法官裁定刑罚轻重。可以说，以什么样的形象出现在陪审团面前，并令其对自己产生何种印象，是任何被告人及其辩护律师都不敢掉以轻心的，因此，多数被告人会选择身着正装，以一副善良、诚信、守法的形象出庭，并试图以此影响判决结果。

但在我国，除了少数案件有人民陪审员参审，多数案件的定罪量刑往往由法官决定。在这个过程中，被告人是否身着囚衣，对法官罪与非罪判断的形成影响力十分有限。笔者认为，至少在目前，左右法官案情判断的主要因素，一是其对证据的认知，二是庭审的效果。而这两者，恰恰与被告人是否身着囚衣都关系不大。

从证据认知上看，法官面对的证据，不少在程序上是有瑕疵的，但只要其在实体上有意义，法官只能不加辨别地予以采纳。刑讯逼供之所以屡禁不止，就在于其成本低廉，只要能够顺利破案，违法取得证据一样会被认可，违法者一样可以立功受奖。

从庭审效果来看，尽管 1996 年修改《刑事诉讼法》后，庭审的对抗性得到加强，但法官对案件事实的感知，主要来自公安机关侦查阶段的卷宗，法庭上的质证多以检察官读起诉书或罗列证据的方式进行，法官仍然靠阅卷断案。在上述情况下，庭审更像是走过场，被告人的穿着或言行，在法官的罪刑判断中很难起到作用。

2008 年距我们的《刑事诉讼法》出台已近 30 年。这 30 年里，“从严从重从快”的口号演变为“宽严相济”，大盖帽换作了法袍、法槌，媒体不再动辄把“罪犯”的帽子扣在犯罪嫌疑人身上，上述细节既有形式意义，更体现了法治点点滴滴的进步。问题在于，法治的进步，形式公正是一方面，更大程度上在于程序的配合，以及制度公正的实现，真正令每项改革的实质意义远大于符号意义。

从上述角度出发，对被告人权益的保障，首先在于庭审效果的加强。这就要求在立法中明确非法证据排除规则，并设置程序性的制裁，使违法者必然付出高昂的成本。证据的真实性、关联性变强了，下一步的工作才是使对证据的质证以及法官的判断都尽量在庭审中进行，让被告人及其辩护律师的申辩、质疑与意见真正被倾听或接受。在这个基础上，再谈被告人穿什么衣服出庭受审、证人该如何出庭才更有意义。

许霆案：法律应为人性弱点流下“温情眼泪”

刊发日期：2007 年 12 月 26 日
作者：高一飞

面对被害人一方因技术原因出现的过错，由于人性的弱点，不少的人面对此情况，可能都难抵诱惑。许霆“贪便宜”的做法，与有预谋的盗窃行为相比，人身危险性也要低，此时，刑法要为这种人性的弱点流下“温情的眼泪”，减轻处罚。

银行柜员机出故障，打工仔许霆分 171 次取款 17.5 万元，被法院一审以盗窃金融机构罪判处无期徒刑，此事引发极大争议。

有评论认为，此案不构成盗窃罪，认为他的取钱行为有银行记录和监控录像，对银行不是秘密，不符合盗窃的行为要件。

我认为，许霆的行为构成盗窃是没有问题的。盗窃的本质是秘密窃取他人财物。有记录和监控录像也不能改变许霆行为的“秘密窃取”的本质，因为盗窃罪中的秘密窃取，是指取得财物的当时，财物的占有人不知道，就如在公共汽车上有人行窃后，在出车门时就被失主发现，但不能改变盗窃时是秘密窃取的性质，银行记录和监控录像只是事后让财物占有者知道情况的证据。

另外，即使当时就有人进行同步观看录像，也不能否认秘密窃取的性质，因为是否秘密窃取，应当从行为人主观方面来认定，也就是说许霆取款时，他本人认为他人不会知道和看见，就如便衣在抓捕扒手时，明明知道扒手在盗窃自己的财物而暂时不制止，也就是说被窃者是知情的，这也不能改变行为人是“秘密窃取”的性质。

既然许霆的行为构成盗窃罪，那么，是否有应当轻判的理由呢？我认为，这只能从“期待可能性理论”来解释。“期待可能性理论”适用于是否有罪，也可以作为从轻或减轻处罚的理由。

可作为“期待可能性”脚注的最早且最典型的判例，乃 1879 年 3 月 23 日德意志帝国法院第四刑事部所作的“癖马案”判决。法院宣告被告无罪的基本理由是：马车夫虽然“认识”到该马有以尾绕缰的癖性并可能惊马伤人的后果，但他已经提出了更换辕马的要求，是雇主不但不许其换马，反以解雇相威胁。这种情况下，以人之常情看，法律很难期待被告人做出对抗雇主命令、拒绝驾驭马车以致丢掉自己的“饭碗”的“适法”举动来。

此即后人所谓的“适法期待不能”此后确立的。“期待可能性”理论认为，法律应当符合人性，这一理论被认为是刑法为人性的弱点流下的“温情的眼泪”，以中国人的理解，就是“情有可原”、“法不外乎情理”。由此出现了一种影响刑事责任的新的理由：在通常情况下构成犯罪，而在某种特殊情况下不构成犯罪。或者在有些情况下，也可以是从宽处理的理由。

当然，现在的问题是我国法律并没有规定期待可能性的情节，因而法官并不能直接适用这一情况减轻被告人的处罚。对此，刑法第63条规定，“犯罪分子具有本法规定的减轻处罚情节的，应当在法定刑以下判处刑罚。犯罪分子虽然不具有本法规定的减轻处罚情节，但是根据案件的特殊情况，经最高人民法院核准，也可以在法定刑以下判处刑罚。”因此，本案可以适用犯罪分子“不具有本法规定的减轻处罚情节”的“特殊情况”来处理，可以根据刑罚理论和人之常情，报最高人民法院核准，在法定最低刑——无期徒刑之下选择一个适当的有期徒刑的处罚。

“聂树斌案”中正当程序为何失效？

刊发日期：2007 年 11 月 5 日

作者：甘文霄

曾经轰动全国的河北聂树斌案，在沉寂两年后，于过去的几个月中有了戏剧性的进展：在今年 4 月，一审被判死刑的王书金向河北高院提出上诉，理由却是检察院未诉其强奸杀害康某的罪行，从而导致无辜者聂树斌蒙冤。另有神秘人以特快专递的方式，分别寄给聂母聂树斌案的一、二审判决书,从而扫除了对此案提出申诉的最大障碍。值得欣慰的是，日前聂母已经收到了最高法院的申诉受理通知。（2007 年 11 月 1 日《南方周末》）

纵观整个案件，其中一些十分严肃的问题仍然需要以审慎的态度加以对待：为何当地公诉机关对于犯罪嫌疑人供认、侦查机关完成调查取证的案件不进行审查核对提起公诉？为什么聂树斌案在审判中仅凭口供就可以定案？在当时的司法实践中，死刑复核能否与二审合二为一？

按照刑事诉讼法第 137 条、第 140 条、第 141 条和人民检察院刑事诉讼规则第 266 条的规定，人民检察院发现遗漏罪行可以分别按如下方法处理：在审查案件的时候，发现遗漏罪行，认为需要补充侦查的，应当提出具体的书面意见，退回公安机关补充侦查，也可以自行侦查。在提起公诉后开庭审理前，发现被告人有漏罪，可以建议公安机关或自侦部门先行侦查或自行侦查，在开庭审理阶段根据法律规定提出延期审理的要求。在法院宣告判决前，人民检察院发现遗漏罪行可以一并起诉和审理的，可以要求追加起诉。人民检察院认为犯罪嫌疑人的犯罪事实已经查清，证据确实、充分，依法追究刑事责任的，应当作出起诉决定，按照审判管辖的规定，向人民法院提起公诉。因此，聂案中公诉机关对于犯罪嫌疑人供认、侦查机关完成调查取证的案件应当进行审查核对，情况属实符合规定的，应当向人民法院提起公诉。这不仅是人民检察院的权力，同时也是职责。

刑事诉讼法第36条也明确规定，只有被告人供述，没有其他证据的，不能认定被告人有罪和处以刑罚。另外，刑事诉讼法还规定：间接证据只有在形成完整的证据链条且排除了其他一切可能性的情况下，才能对被告人定罪。在聂案中，没有任何人指证聂树斌强奸杀害被害人，侦查机关也不能提供认定聂树斌实施犯罪行为的直接合法物证，现场提取的用来勒死被害人的花上衣也没有查明来源，换句话说，这项物证的合法性还有待查明。聂被定罪仅仅是依据他本人的口供，这与刑事诉讼法第36条的规定根本相悖。

此外，当时司法实践中将死刑复核与二审合二为一的做法，也显然违反了死刑复核制度的宗旨。死刑复核制度主旨在于强调“审查核准”，“监督”未生效的死刑裁判。死刑复核与二审合二为一的做法将制度设计初衷完全粉碎了。死刑复核程序的敷衍了事使得聂树斌案的复核在某种程度上“走了过场”。

以上出现的种种问题，尚需要司法部门认真调查，防止一些司法工作者对于正当程序无知和对自身感官判断自负，甚至是出于对效率的片面追求或对部门利益的竭力维护。正义的司法活动都必须在正当程序的要求下严格进行，如果无视正当程序，我们所追求的公平和正义就会被吞噬。

行政执法不应将公民置于危险之中

刊发日期：2006 年 4 月 24 日
作者：于 平

《新京报》转载了新华社记者拍摄的一幅图片——2006 年 4 月 20 日，一个城管在北京岳各庄桥附近追逐一个散发小广告的女孩，照片上，女孩在马路上奋力奔跑，城管在后面紧追不舍，他们的身后，是密集的车流。

说实话，对于散发小广告的行为，我向来没什么好感。但问题是，追小广告散发者追到了马路上，这有点让人担忧。

我想起一位朋友给我说过他在欧洲的经历：在西班牙，法律是不允许无证摊贩在街头兜售商品的，但他发现一个奇怪现象，那就是当地警察在追小贩时，就算眼看就要抓住小贩了，但只要小贩跑上马路，警察就立刻不追了。后来经过询问他恍然大悟，原来马路上车来车往非常危险，小贩在马路上被追得一路狂奔很容易导致车祸。

看了西班牙的例子，我们就知道城管马路追小贩的问题出在哪儿了，它实质是将公民置于危险之中，使得公民的生命处于随时都可能受伤害的状态。

在任何国家，生命权都是最高的价值，并且任何人的生命权不应因他的过错而减损，除非法律特别规定。虽然小广告散发者骚扰他人，损害社会秩序，违背相关法律，但他的生命权不应因这个小过错而减损，保护好他的生命仍然是执法者义不容辞的责任，如果执法者不履行保护之责，反而充当起可能的伤害者，那是万万不应该的。

在一个社会，法律规定和公共秩序的价值固然重要，但对于执法者来说，放在第一位的，首先应是对人权的尊重，除非法律特别授权或危急情况下，执法者不可剥夺公民生命或将其推向危险境地。一个人发小广告大多情况下只是一种“小恶”，但如果执法者因此将其追上马路，让其面临随时被撞伤、撞残、撞死的危险，这将是一种“大恶”，执法者所犯的过错要远远大于发小广告的行为，并且这种过错一旦导致悲剧，那将是无法挽回的。

有人也许会说，如果城管看见发小广告的跑上马路就不追，那不是对违法者的纵容吗？长此以往，小广告散发者不是有恃无恐吗？应该承认，这种担忧肯定存在，但问题在于，对违法者的“纵容”有时是法治社会必须承担的成本。法治是刚性的，更是人性的，执法者不能机械地执行法律，而是要掌握法的精神和实质。生命的价值高于一切，执法者应铭记，对个体生命权的侵害也是宪法秩序价值的侵害，大多情况下，生命权是执法者不可逾越的底线。

当下的中国，对生命的尊重与敬畏是需要继续普及的观念，而首先要普及的就是执法部门，许多事例都表明，执法者对生命的冷漠以及缺乏敏感，并不是个别现象，城管与散发小广告者上演马路“生死时速”只是现象的一方面，还有多少执法行为将公民置于危险之中，这无疑值得我们认真思考。

“处罚公示”和“处罚告知”完全两码事

刊发日期：2005年6月21日
作者：谢海珠

1月，笔者因开车进入公交车道而被电子眼拍照。2月初，笔者去交管部门确认了违章行为并于当天去银行缴纳了罚款。一个多月后，笔者又在网上发现有超速的记录，后来再次去银行缴纳罚款时，却被告知2月份的那笔罚单没有缴款，需要补缴滞纳金。笔者查询后得知，这是由于当时的营业员工作疏忽，把笔者缴纳的200元罚款当成存款存入工商银行的牡丹卡，而笔者也一时疏忽，没有索取罚款收据。在自认倒霉之际，我倒暗自庆幸起我的再次违章，要不然等到了6月份车辆年检时才发现，滞纳金不知要涨到多少，驾照还可能因此吊销。

比较而言，违章105次的杜宝良先生和97次的田先生就远没有笔者这么幸运了。

笔者原来一直把造成本人损失的责任归到工商银行方面，现在看起来，交管部门其实也有责任。如果15天缴纳罚款的期限过了，交管部门能书面告知还没有缴纳罚款的所有司机，司机的损失就可以减少到最低。笔者在美国生活多年，虽然没有违章经历，但是还是有过接受和交管部门性质类似的其他政府机构服务的体验。比如，美国人的纳税意识很强，并且每个纳税人所在的单位也会在年底为雇员出具全年的收入汇总，以提醒雇员。但是美国的税务部门依然会履行它自己的告知义务，在每年报税期限前都会信函提醒，如果你要求，他们还会给你免费邮寄申报表格。在互联网和电话网络发达的美国，这种政府部门以信函“及时告知”纳税人的例子还有很多。

笔者认为，公示和告知是两个概念。前者是以信息的发布者发布出信息为目的，比如某公司丢失了一张转账支票，该公司并不知道该支票在何人手中，所以只能以公示的方式告知所有的人该支票作废。而告知是以信息的接收者接到信息为目的，在交通违章的例子中，交管部门对司机违章的具体信息了如指掌，就有义务让司机以其能接受的方式知道。虽然交通违章记录上网是一个既经济又快捷的方式，但交管部门在没有进行调查和培训的情况下，不能想当然认为所有的司机都具备上网的条件和上网知识。记录上网，只能说明我们的交管部门尽到了公示义务，而没有尽到告知义务。

也许交管部门说了，除了上网，还有以电话或者到交管部门来查询的方式可供选择。可是，怎么可以要求一个自认为从来没有违章的司机主动去查询呢?

就像一个健康人，怎么会三天两头跑医院要求查这查那呢？司机们的确有责任随时关注自己的违章行为，但是这并不能减轻主管部门的告知义务。这应该是两回事。

做一名“不坏”的警察很重要

刊发日期：2005 年 5 月 17 日
作者：何　帆

我有位在电视台做法制节目的朋友，每次报选题都是公安题材，问其原因，他说：“观众就是喜欢看有大盖帽的节目。”的确，官兵抓强盗这一主题，无论角色、情节如何置换，永远是人们兴趣所在。任何事儿掺上警察，往往意味着有矛盾、有冲突。最近发生的太原警察打死北京警察一案，本是一出令人生憾的惨剧，却由于两地警方坚持宣称己方警员是好警察，而被赋予了戏剧性效果。

我也曾是一名警察。毕业那年，留言册上最多的一句话是：“希望你以后做个好警察！”那时，好警察在我们心目中的标准，是影视剧里的孤胆英豪、新闻报道里的壮士英模。可 4 年警察做下来，这一标准在心目中反而渐渐模糊。

我有过“很利索、业务素质相当好”的同事，他们因屡破大案受过表彰，却曾因酒后开车受过处分；也接触过“工作认真，性格不错，与同事处得也好”的警察，人缘很好，但因业务能力太差，大家都不愿与其搭档。警察身份在许多人眼里，意味着一种除暴安良、伸张正义的价值观，身在其中后，却更大程度上将其视为一份职业。我不知道衡量一名警察好坏的标尺何在，但法律会告诉我如何做一个“不坏”的警察，那就是严格执法、恪尽职守。倘若每个警察都能做到“不坏”，也很不容易。

那么，为什么北京、太原两地警方要在真凶归案、真相大白之后，纷纷强调本地警员“好警察”的身份呢？

笔者认为，北京警方除了为死者讳，主要是为抵消负面报道引起的公众联想。太原警方之所以对主犯刘立民口下留情，也是努力想把这一恶性事件弱化为“修养不够、情绪激动”的偶然之举，便于推卸己方的失察之责。

尽管双方各执一词，却有一个共同的初衷，那就是，大家都想通过强调“好警察”的身份，挽回这一事件对警察形象至少是本地警察形象的负面影响。

然而，正是这些所谓的弥补工作，对警察形象造成了更大程度的损害。你说“业务素质好”、“性格不错”就是“好警察”，那么，一个能叫来数名暴徒、将同行活活打死的“好警察”是不是比好心办坏事的“笨警察”更可怕呢?

你说“个案不能代表警察的整体形象”，可公众对警察形象的感知，恰恰是由一个个鲜活的人和一件件具体的事构成，很难想象，一个公民在派出所遭遇一名户籍民警的冷硬横推，在大街上遭遇一名巡逻民警的违规查证后，回家打开电视，还会相信屏幕里的某个典型能代表人民警察的整体形象。

相反，广大民警的孜孜努力、公安烈士的汩汩热血，就是在“好警察”的一桩桩丑闻中付诸东流的。

长期以来，对警察宣传的固有思维，一直满足于“高大全”式英雄的塑造，“爱岗敬业、深夜加班、妻病不归、年节无休、大义灭亲、不徇私情……”几乎成为程式化的说词。可公众对警察印象的感知并非那样好。这样，使得电视里的警察与现实中的警察脱节。如果要解决这个问题，首先就得多几分踏实，少几分浮夸。

公众需要的是真相与事实，而非被告知谁是好警察、谁是坏警察。如果一定要进行判断，当务之急，应该是教会所有的民警如何做一名“不坏”的警察。

法治是解决圆明园环评事件的必然方向

刊发日期：2005 年 5 月 13 日
作者：艾　君

因为没有机构愿意“承担社会责任”对防渗工程进行环境评价，圆明园事件就这样“卡”在那里。而且，在北师大的环评机构受到批评之后，接下来是否有人愿意迅速接手这个“烫手山芋”，还很难说。

为什么众多的环评机构都不愿意接手？从环评专家到社会舆论，众说纷纭。

一位环保专家披露了环评中的“潜规则”——有的环评工程，委托单位在签合同前只支付 1/3 的环评费用，剩下一多半的费用要等到审批部门通过环评报告以后再支付，为了拿到全部费用，环评机构只得“努力”做一份能很快被审批部门通过的环评报告。这样，有少数环评机构差不多就等于“拿人钱财替人消灾”，“所以环评机构在圆明园事件上有所顾及也是可以理解的”。(《中国青年报》2005 年 5 月 12 日）而另一位知名环评单位的专家说得更“直接”：圆明园工程是海淀区政府主抓的一个项目，而环保总局是想通过圆明园环评事件来树立一个环评标本。如果环评结果“合格”就得罪了环保总局，如果“不合格”就得罪了市里和区里。(《京华时报》2005 年 5 月 12 日)当技术能力问题不是全国众多的、至少持有“甲级”环评资质证书的环评机构的主要问题之后，上面两位环评专家所说，从一个侧面似乎可以为没人愿意接手圆明园环评工程做了注解。

在环评机构的背后存在着两种力量的博弈。这种博弈表面看来是在横向的和纵向的政府部门之间发生的，但就其本质而言，是两种行政模式——传统旧有模式和新的民主行政、科学行政、依法行政模式——之间的冲突。旧有模式漠视法律（圆明园动工前没有依法进行环评）、忽视科学（没有经过充分的法定论证程序）、轻视民意（直到工程即将结束才被公众知晓），而新的模式恰恰相反，它会给法律、科学和民意以充分的尊重。如果圆明园工程一开始就按照新的模式进行操作，绝对不会留下现在的“后遗症”。

需要说明的是，两种模式之间的冲突是社会转型、政府转变执政方式过程中容易甚至是必然出现的现象。

在过去，圆明园工程也许就在政府部门的封闭状态中决策和施工了，公众也会很少提出疑问，但是，时代发展至今，依法执政、科学执政、民主执政的理念逐步确立之后，这种模式就遇到了挑战。

也许，树立新模式，真正实现依法行政的目标，还需要一个相当长的时间，国务院制定的《全面推进依法行政实施纲要》提出的时间是10年，可见其任重而道远。

环评机构处在这两种力量的对峙中间，难免受到“夹板气”，权衡风险之后，也形成了他们集体“失语”的结果。也正因为如此，即使环评机构问题解决了，圆明园问题也未必能完全解决——无论环评机构给出防渗工程“合格”或“不合格”的答案，都会引发下一轮博弈，所不同的是，下一次博弈或许是两种模式的正面交锋。

放在当前行政改革的大背景下看圆明园事件，它不是孤立的。彻底解决圆明园事件，必须让新的执政理念取代旧有的执政模式，走法治之路——没有经过法定的环评手续，就要补办；没有经过充分的征求民意，就要召开听证会，并让媒体进行充分报道。

值得欣慰的是，到目前为止，圆明园事件基本上在沿着法治的方向推进，无论是被誉为“第一个真正意义的听证会”的圆明园公众听证会，还是每一个过程的透明、每一个举措体现的对法律的尊重。它作为一个标本，正在被记录进中国推进依法行政的历程之中。或许，圆明园事件的根本解决还会拖上一段时间，没有像常见的通过上级批示那样快捷，但是，法治的方向，永远是需要坚持的。

佘祥林“杀妻”冤案的“标本”意义

刊发日期：2005 年 4 月 14 日
作者：艾　君

湖北京山县人民法院正式宣布公民佘祥林无罪，当庭释放。庭审只持续了一个多小时，可对佘祥林来说，这一判决整整迟到了 11 年。

佘祥林案，浓缩了中国古代传奇故事的诸多要素：蒙冤入狱、死里逃生、忍辱负重、沉冤得雪。然而，该案的意义并非仅仅停留于传奇性本身，其标本意义的展现，源自通过该案揭示出来的一系列司法弊病：刑讯逼供、恐吓证人、个案协调、疑罪从轻……正是这些因素，阻碍了中国刑事法治的进程。佘祥林案警醒世人，若这些弊端不除，举措不兴，不仅刑事法治难以实现，类似错案的出现也必定在所难免。

我们承认，该案跨越了新老刑法、刑事诉讼法的交替，正好处于刑事变革的过渡期间，那一时期，“罪刑法定”、“疑罪从无”尚未成为法官裁判断案的主旨，基层执法单位的工作方式也多有不尽人意之处。近些年，随着以人为本、严格执法观念的深入，铸成杜培武、佘祥林之类冤案的因素正日益减少，司法工作也渐趋有序，走向规范。但是，时代局限仅仅提供了客观看待佘案的角度，却绝不能成为我们放松警惕的借口。透过佘案，我们有必要再次强调刑事法治的意义，再次表达对程序意识和个案公正的期盼。

如果把法治比喻为一个木桶，刑事法治就是最短的那块木板。正如水桶的盛水量往往由最短的木板决定，在一个社会里，如果公民的基本权利得不到刑法保障，法治社会的根基也不会稳固。那么，何谓刑事法治呢?

它是一整套制度的集合，意味着侦查、起诉、审判部门各司其责、在规则下有序运行，是一整套原则在实践中的演化，它包括罪刑法定、疑罪从无、法律面前人人平等……

事实上，所谓刑事法治，更大程度上是一串串刑事个案的集合，在这些案件中，受害人的权益被保护，无辜者的冤屈被清洗，犯罪者的利益被依法剥夺。放大执法者在佘祥林案中的表现，其行为正是对刑事法治理念的违背。破案指标的压力、急功近利的心理、行政力量的干预、“民愤”的左右……都是促使他们酿就冤案的主观动因。在这形形色色的理由背后，普遍的“正义”与秩序仿佛得以维护，个人的权利和尊严却被慢慢消解。

我们放大佘祥林案的标本意义，正是要倡导司法界放弃功利思想，切实将工作重心转向公民个人权利的保障，将确保公民尊严、自由的措施落至实处。弗朗西斯·培根在担任法官时，曾有一句被后人广为传诵的名言，他说 :“一次不公的判决比多次不法的行为为祸犹烈。因为这些不法行为不过弄脏了水流，而不公的判决则污染了水源。”然而，史学家的研究表明，培根本人也是几起刑讯逼供案的主谋。由此可见，宏大的原则、漂亮的口号固然重要，如果缺乏有力的监督与实施，司法源头的污染将永远无法涤清。

佘祥林案告诉我们，公民的权利代表一种力量，司法机关的权力则意味一份责任。我们期盼，多年后再次回首佘祥林案时，细节或已渐渐模糊，而公民的权利意识、司法机关的责任感，已演化成一种不断向上升腾的力量，成为我们推进刑事法治的重要动力。

“乞讨权利”无须法律来证明

刊发日期：2003年12月29日
作者：徐友渔

老实说，没有多少人喜欢在城市的闹市区见到乞丐，更不喜欢被乞丐纠缠着讨钱。但是，政府是否可以动用行政力量清理、驱赶乞丐，禁止他们行乞，却是一个与感情、喜好不同的法理问题。

最近关于这个问题的热烈讨论和激烈争论，大都是在法律层面上进行，有一些观点已经超出了行乞这个具体问题，涉及到对于“什么是法律”、“什么是权利”这类更根本问题的理解。这种更高层次的问题也值得注意和讨论，因为如果某种不妥当的法理观被大家认可，其不良后果会远远超出行乞的问题。

比如，某学者的下列观点，在我看来就是有悖法理精神，站不住脚的。据《中国青年报》报道，这位学者说：“严格地说，乞讨行为从来都不是一种被社会道德或国家法律所倡导的行为。行乞权在我国宪法和法律中找不到其相应的根据。”他还认为，乞讨的权利并没有成为我国法律制度所保护的一项权利。就人们对它的长期默认态度来看，它在本质上已成为一项习惯权利，或者说是一种法外权利。法外权利不是为国家所保护的权利，也没有相应的法律义务做它实现的条件或保障。

上述看法涉及到一个有关法律和权利的最重要、最根本的问题：人们只能做法律明文规定允许做的事，还是可以做法律明文禁止之外的事？

为了表述周全，可以补充说，还要包括可从法律条文中推论出来的情况。另外，人们不只是在法律意义上，而且是在道德意义上，也不能做不道德的事，但这是另一个问题。

任何有现代法律意识的人都知道，“法无明令禁止之事不为罪过”，因此，政府无权禁止、干涉这类行为。如果人们只能做法律载明可以做的事，那么很可能陷入动辄得咎的境地，因为宪法和法律明确规定的权利相当有限，而人的活动的可能性是无限的。

也许有人要问，那么宪法和法律为什么要明确规定保护公民的财产、言论、集会、结社等项权利呢？理由很简单，这些权利最基本、最重要，值得作为示例列举出来。但这决不意味着，没有列举的权利就不是合法权利。任何有法律常识的人都知道，对某些权利的列举，不能被理解和解释为对人民保留的其他权利的否定或轻视。

在20世纪50～70年代，尤其是在“文革”时期，常常发生这样的事：执法机构抓了某人，指控人家犯法，要人家证明自己的行为合法。不言而喻，人的行为有千万种，指望法律中一定会载明自己做的这件事合法，实在是奢望。其实，恰恰是执法人员有责任证明自己抓人合法，普通公民没有义务证明自己不违法。

那是在无法无天的年月发生的举证倒置的情况，我们早就应该告别那种错误的观念和做法了。我们应该自问：如果我们的权利只是来自立法机关写明的条文，我们能有多少权利？

让负责任的公民有讲理的地方

刊发日期：2003 年 12 月 4 日
作者：秋　风

深圳某小区的一群业主在《南方都市报》上刊登了致歉启事，为他们因为进行自我维权时的过激行为向市民道歉。一群公民为自己在维权活动中的不冷静行为公开表示歉意，这是破天荒的一件事。我们对这些公民表示敬意，他们是一群勇于承担责任的公民。从他们身上可以看到，我们的公民已经具有了某种程度的公共精神，一种公民美德正在悄然形成。

不过，回到令他们表示道歉的事件本身，我们又不能不感到遗憾。本来，是他们的权利和利益受到了侵害，最起码是他们认为自己的权利和利益受到了不公正的对待，他们完全有充分的理由主张、捍卫自己的权利和利益。但是，最后他们却成为扰乱、侵害公共秩序者。他们为了捍卫自己的权利和利益，却造成了大面积的交通堵塞。

然而，我相信，这种结局完全不是他们希望看到的。他们本来是一群卑微的平民，他们只想过平和安静的生活。他们也从来没有想过无端地干扰别人的工作和生活。当他们不得不站起来时，他们唯一期望的，就是让他们得到最起码的正义。

人间的幸福也许千差万别，而这些认为自己的权利和利益受到侵害的公民的不幸却是雷同的。根据现实中发生过和正在发生的无数令人无奈的故事，我们可以推想，他们可能找过政府有关部门，可能上过法院，可能上访过，也可能向电视台反映过。但是，他们的声音没有人倾听，他们的问题无人认真予以解决。于是，他们不得不采取某种极端的行动，向社会表达他们的不幸，希望以此唤起有关部门的重视。他们不得不以不正当的甚至是违法的举动，来表达自己正当的要求。这也许是真正意义上的悲剧。

现在，他们为自己的不当行为向社会、向政府部门道歉了，他们显示出了负责任的公民精神，下一步会是什么结果呢？有没有相应的机构承担起责任，妥当而公正地解决他们的问题？

良好的制度和公共秩序需要靠负责任的公民来维护。每个公民捍卫自己的正当权利和利益，不仅是他的权利，甚至可以说是他的义务，是他对于社会的一种责任。因为，一个社会，只有当每个人都正确地理解了自己的权利和利益，并且勇敢地捍卫自己的权利和利益，这个社会才能保持一种动态的平衡，才能够不断地探索良好的规则和制度，这样的文明才能够保持活力。

然而，欲形成公民之间及公民与政府之间的良性互动，就需要种种精巧的制度设计，令公民可以通过和平、正当、合法的渠道，有效地表达自己的诉求，维护自己的权利。为此，政府当然有必要提高行政决策效率，加强与公民的沟通。但是，光靠这种没有法律约束力而充满随意性的渠道，似乎不足以恢复民众心目中的正义。

如果我们志在建设法制秩序，那就应当让法院成为人民与政府解决纠纷的可信场所。法院将承担起不可推卸的责任，人民知道，当他们有冤屈的时候，他们总有一个地方可去，而且，那个地方不可能把他们推出来，那个地方就是法院。这样，他们就会寄希望于通过法律的理性来恢复正义，而不会再设想借助有害公共秩序的手段主张自己的权利和利益。和平治理一个社会的关键就是：让人民有一个可以信赖的地方去讲道理。一般情况下，如果可以讲道理，人民就绝不会不讲道理。

新京报

品质源于责任

新京报十周年丛书

第三章：教育文化

中国一方面是字、纸和印刷术的发明者，拥有最发达的记忆载体，但另一方面却在丧失对重要历史真相的记忆。

用人体的缺陷或一些人的病症，以此来制造笑料、娱乐公众，这种艺术表现不是真正的艺术，而是一种低级的噱头。

很难相信，一个长期收集同伴不良行为并随时准备将其扭送公安机关的孩子，能够健康成长而不留下丝毫阴影。

让校车成为最名副其实的“公车”

刊发日期：2011 年 11 月 17 日
作者：于　平

与其制定逐年削减公车的计划，不如把多余的公车拍卖，把节省下来的开支，全部用于购置校车。不但要让校车成为“公车”，还要成为真正的“特权车”。

11 月 16 日早晨，甘肃省庆阳市正宁县榆林子镇发生一起交通事故，该镇某幼儿园接送孩子的校车与一辆运煤货车相撞。据初步核定，事故造成 18 名幼儿、一名司机及一名陪护教师死亡及 44 名幼儿受伤，据悉，该校车核载 9 人，实载 64 人。

又是一起惨烈的校车事故！ 18 个小小生命，他们承载着父母多少期望，给 18 个家庭带来多少欢乐，可谁曾想到，孩子们早晨快乐地与亲人告别竟成为永诀，是何等锥心之痛！

校车超载引发事故频频，可大量血的教训似乎撼动不了相关部门麻木的神经。以正宁事故为例，出事的校车，超载远非一两次，幼儿园向家长收取不菲的校车费，却提供了极其劣质的服务，对此，教育部门长期不闻不问，交管部门也不查不管，正宁相关公权部门对于孩子的安全，表现出惊人的冷漠。

当地交警部门负责人对央视称，初步判断校车司机逆行。一个要对几十名孩子生命负责的校车司机，却胆敢在交通安全状况恶劣的乡村公路上逆行，司机的素质和驾驶水平可想而知。这样的低素质司机是如何上岗的？幼儿园有没有认真地筛选？教育和交管部门有没有把关？

每一起校车事故背后，都有学校对学生安全责任的失守，都有当地公权部门的长期不作为，这几乎成为一个定式。而中国的校车也可谓五花八门，农用三轮车、小型面包车、中巴等安全保障较差的车辆几乎成为主流，而校车管理模式更是混乱不堪，有学校购买，有政府租用，有家长合租等等。从国家层面，建立完善的校车制度，给孩子们安全的依靠，却始终是一个空白。

惨剧发生后，很多人都在问为什么我们有那么多的公车，却缺少安全可靠的校车？其实，校车才应是最名副其实的“公车”，理当由政府买单。

现在，或许可以将校车制度建设与公车改革结合起来。对于穷困的偏远农村地区的校车更新，除当地政府担责外，国家财政也需要像“免费午餐”那样，通过财政转移支付进行资助。校车事关孩子生命安全，这不应由于地区差异、城乡差别而差距巨大，而更加需要国家财政承担责任。

实际上，一些地方政府已作出垂范，如浙江德清县，就拿出2000多万元财政资金按美式标准购买校车，每年财政拿出200多万补贴校车运营。

德清标准，应成为中国标准，国家应对地方政府在校车投入上作出硬性要求。校车的管理，需要实行制度倾斜：校车不能与一般社会车辆无异,而应享有一定的“法定特权”如此,其他车辆的司机才能心存敬畏。对于校车司机，资质上更当从严要求，不妨以高薪吸引高素质司机加入，同时健全上岗考核制度，例如，对于校车超载实行“零容忍”。

校车的水平，展现的是一个国家对孩子生命的态度。以国家之力，给孩子们安全的校车，应成为庄重的承诺和行动。

“无间道”不能从中小学生开始

刊发日期：2010年3月19日

作者：宋石男

近日，昆明市有关部门下发通知，要求市内所有学校的班主任在班上发展2~3名“治安小信息员”，收集校园暴力、侵财犯罪、手机网络淫秽传播、校园周边交通秩序、学校周边不良青少年活动情况等信息，以供公安机构与教育部门全面掌握校园动态。（2010年3月17日《法制日报》）

在这里，警察和中小学生，可能将结成亲密同盟。套句刘谦的名言：这真是不可思议。在世界其他国家，笔者还从未听说中小学生要为公安部门服务，充当什么“治安小信息员”。如果在美国，这必将是一个大丑闻。在美国组织中小学生集体收看总统演讲都会遭到家长强烈抗议，要组织中小学生充当警察的线人？Oh，mygod，那家长们会去冲击警局的。

要求中小学生充当线人之举，既不合理，更不合法。首先，中小学生完全没有义务为公安部门充当线人。做线人的梁朝伟在《无间道》中可以说：对不起，我是一个警察。做线人的中小学生怎么说？对不起，我是一个治安小信息员？可是，警察充当线人，卧底玩无间道，那是职责所在，作为未成年人的中小学生，有什么义务或职责，去为警察充当“治安小信息员”？偶然遭遇校园暴力、侵财犯罪等行为时，中小学生应当即时报警，但这并不意味着，他们就应当制度化地长期“报告警察”。报警是义务，但向警察打小报告，则在义务之外。

其次，公安部门或教育部门没有权力要求任何一位未成年人为其充当线人，不止没有权力，如果这么做，甚至是违法的，至少违反《未成年人保护法》的第5条及第38条。根据法条，任何个人或组织都无权招用未成年人去从事有危险性的工作。而“治安小信息员”要干的工作，显然具备高度的危险性。尤其是收集学校周边不良青少年的活动信息，一旦被发现，后果不堪设想。我们也许还记得当年湖北天门一个成年人不过是收集城管的活动信息，就被殴打致死。如果学生因为充当线人而被伤及人身，责任由谁承担？

实际上，要求“治安小信息员”所做的事项，譬如收集校园周边交通秩序、不良社会青年活动等信息，本属于交通部门、公安部门的日常工作范围。要求中小学生充当线人，是将本属于公职人员分内的工作，强加于未成年人，是要“祖国的花朵”为“人民的公仆”背书。

进而言之，要求中小学生为公安部门充当线人，更是对其灵魂的摧残。很难相信，一个长期收集同伴不良行为并随时准备将其扭送公安机关的孩子，能够健康成长而不留下丝毫阴影。也很难相信，在拥有“治安小信息员”的班级里，不会充满猜忌、不信任和怨怒。纯洁与欢乐极可能自此而逝，相互监视乃至敌视的状态则降临校园。而纯洁与欢乐本是孩子的天赋人权。电影《闻香识女人》中阿尔·帕仙奴的怒吼，非常值得再听一遍：“你们培育的是老鼠大队！……臂膀被扭，腿被炸断，那些都不及灵魂被切除更可怕，灵魂没有义肢！”

换言之，要求中小学生充当“治安小信息员”，几近于要未成年人进入电影《窃听风暴》的世界，进入小说《1984》的世界。这是什么做法？这是将一张白纸变成一张草纸的做法，将一朵花儿变成一坨狗屎的做法，将一位人格健全的孩子变成一个猥琐告密者的做法。这是在警察国家才能堂皇行之的做法。唯有在警察国家，政府才会对政治、社会和经济生活实行全面、严密的控制，而无需区分法律部门和行政部门各自的权力履行。也唯有在警察国家，公权力量才会如此肆无忌惮地将管控之手伸入未成年人的领地。

要求中小学生充当“治安小信息员”的做法必须废止。因为要求中小学生以“治安小信息员”身份参与反校园暴力的做法，其本身就形同一种校园暴力，只不过施加者不是社会不良青少年等群体，而是公职人员。我们当然要重视并尽力根治校园暴力，但不能依靠未成年人的告密，而应来自教育部门及公安部门归责于己的敬业与努力。

不应让大学生做监督教学的“卧底”

刊发日期：2006年3月2日
作者：王晓渔

上海师范大学和上海外贸学院的课堂上出现了一批特殊身份的大学生，他们除了听课，另有一项重要任务：当“卧底”监控教学质量——其中前者的正式名称是“教学信息员”，后者的正式名称是“学生教学质量联络小组”。

教学质量是衡量一所大学的重要标准，对于这两所教学型大学而言，更是重中之重，校方可谓用心良苦。“动机良好”可是并不意味着“手段正确”，大学生“卧底”非但不利于监控教学质量，反而有违大学应有的教育理念。

教学质量需要学生评估，评估的权利应该属于每一位学生，而不仅仅属于部分“卧底”的学生。上海师范大学的教学信息员多达200余人，几乎涵盖每个专业每个年级，但是平均下来，每一位教学信息员也要监控近10位教师。这样下来，教学质量的评估很有可能取决于教学信息员的个人喜好。上海对外贸易学院的学生教学质量联络小组，更是不仅监督老师，还要监督学生，甚至包括哪个同学上课不认真听讲都要记录下来。可以断言，每个班级最不认真听讲者非那些“卧底”莫属，他们要拿着本子记录迟到者、旷课者，还要东张西望地监督同学是否认真听讲，反而难以集中精力从事自己的学业。

以“卧底”的意见评估“优秀教师”，显然有失妥当。如果“卧底”的选拔进一步等同于“优秀学生”的选拔，那就更加需要质疑了。上海外贸学院对“卧底”进行考核，分为优秀、良好、不合格三档，不合格者将被取消“卧底”资格，但是优秀者如何奖励，新闻却语焉不详。鉴于这些“卧底”与校方保持较为顺畅的联系，他们很有可能会在各种评奖活动中获得或明或暗的“奖励”。不可否认，“卧底”具有老实、积极等特点，可是如果以此选拔“优秀学生”，不免有以偏概全之嫌。提供信息也很容易成为一种“特权”，使得学生被分为“卧底”和“非卧底”两种身份，进而产生一种等级之见：前者的意见比后者更值得信赖。

“卧底”现象并非这两所高校首创，它与我们熟知的“小报告”现象如出一辙，历史可以追溯到君臣之间的“密折文化”。这也暗示校方和师生的关系更接近“监管”而不是“服务”，而且监管方式更接近“前现代”而非“现代”。“小报告”属于过去中小学的通行规则，“卧底”说明部分大学开始“中小学化”，校方把师生视为缺乏自我治理能力者，与大学培养独立、健全人格的教育理念完全相悖。如果一名大学生连上课是否认真听讲都需要监督，很难想象他在毕业之后能够满足工作的需求；如果一名大学生只有监管他人的能力却缺乏专业知识，恐怕也不是工作单位的理想人选。

事实上，校方更需要建立师生之间公开透明的对话平台，而不是培养搜集信息的匿名“卧底”。比如，绝大多数高校都有比较成熟的校园论坛 BBS，每一位学生都可以在上面点评教师，教师也相当在意学生评价，已经具有良性互动的雏形。校方只需健全网络信息交换机制，比如鼓励学生发表不同看法、督促教师及时回复学生意见，就可以起到事半功倍的效果，而不必另外建立一套有违大学教育理念的信息监控系统。

“罗彩霞案”是一个人在“战斗”？

刊发日期：2009 年 11 月 5 日
作者：熊丙奇

曾经引起媒体高度关注的“罗彩霞案”，最近有了新进展。10月26日，湖南省邵阳市北塔区法院对湖南省邵东县学生王佳俊冒名顶替罗彩霞上大学案作出一审宣判，王佳俊的父亲、原湖南省隆回县公安局民警王峥嵘犯伪造国家机关证件罪，被法院判处有期徒刑两年，与原犯的受贿罪所判处的有期徒刑3年刑罚数罪并罚，决定执行有期徒刑4年。

这是王峥嵘应得的惩罚。可是，就如当初这一事件败露时，舆论就质疑这不是“一个人在战斗”一样，这次审判并没给公众“水落石出”的交代。

根据检察机关的指控，王峥嵘先找到张某，获取了罗彩霞的高考信息资料，随后请他人私自雕刻了一枚“邵东县公安局红土岭派出所户口专用”公章，并伪造了罗彩霞的户口迁移证等证件，从而使其女儿王佳俊冒用罗彩霞之名顺利进入贵州师范大学就读。如果这些信息属实，那么，他怎样用伪造的证件材料，就让公安部门的身份证系统确认王佳俊是罗彩霞？贵州师范大学校方又怎样为王佳俊办理了户口接收手续？——如果当地派出所没有办过户口迁移手续，贵州师范大学难道没有察觉？或者进一步说，是不是只要截下某个同学的录取通知书，去私刻一个公章、伪造户口迁移证，就能轻松地冒名上大学呢？

从媒体对罗彩霞事件的报道看，贵州师范大学历史与政治学院院长唐昆雄与王佳俊的父亲王峥嵘之间有着复杂关系，是他违规代领了录取通知书，使王佳俊进入贵州师大，并成为他所在学院的学生。这些事实是必须查清的，难道贵州师范大学不知道录取通知书要给考生本人的规定，不可以由他人代领、转交？难道唐昆雄不知道转交的录取通知书给的不是罗彩霞而是王佳俊？在王佳俊手持伪造的材料来校报到时，为何会一路绿灯呢？当年由湖南教育考试院投放到贵州师范大学的罗彩霞的电子档案中，照片、身份都是真实的罗彩霞，而王佳俊带去的纸质档案中，照片、身份地址却都是王佳俊的。对于这些，贵州师范大学的答辩，曾将责任推尽，说贵州师范大学是如何尽到了审查责任。

要让今天的大学从维护学校的教育声誉出发，严查这一事件，是不能有过高的指望的。学校推卸责任，当在意料之中。但是，检察机关不能就此轻信学校的答辩，而应该针对冒名上大学的所有环节：教育部门、公安派出部门、高校招生部门，一一深入独立调查。

此前，原邵东县公安局界岭派出所所长因罗彩霞事件受到行政处分，被舆论质疑处罚太轻描淡写。而当地教育部门、高校招生部门的责任根本也未见追究。

只要有一个环节严密一些，冒名顶替事件就很难发生。公众曾期待，借罗彩霞案我们能反思招生过程中的漏洞，由此严肃招生纪律，推进阳光高考。可是，如果把一群人的“战斗”，最终定义为一个人的“战斗”，其他人逍遥法外，那么，侥幸的心理必然会被助长，冒名上大学的故事难免还会上演。

从赵本山卖拐到蔡明售楼

刊发日期：2008年2月8日
作者：吴祚来

一些笑料是基于人性的弱点，另一些笑料却基于人体的缺陷。前者充分揭示与表现出来人性的另一面，我们说它是优秀的艺术，它使人们探视每个人内心世界与因人性造成的缺憾，并致力去修补这些缺陷或对他人因人性而造成的弱点产生同情与宽容。

而后者呢？我们许多民间笑话与相声作品，都利用的是人体的缺陷或一些人的病症，以此来制造笑料、娱乐公众，我们说这种艺术表现不是真正的艺术，而是一种低级的噱头，甚至是一种不道德的社会行为。

早几年的春晚，赵本山用连续剧的形式推出了他的《卖拐》小品，许多人一笑而过，但却遭到一些网友的严厉批评，认为赵本山与央视春晚没有尊重残疾人朋友，表演中一拐一颠的步履，别人看起来可能会成为笑料，但对残疾朋友自己或其家人来说，却永远是一种难言的伤痛。

从相声到小品，我们总能发现这样的趋势，就是表演者们互相攻击着，自己与观众却同时快乐着。因为这种攻击谩骂事不关己，而且能使自己看到自己的优越感，这种不关己的优越感成为潜审美力量，使观众与演员都获得一份兴奋与愉悦。可惜的是，这不是真正意义上的审美愉悦，因为它是建立在别人身心缺陷的基础之上，并同时使许多受众难堪或不安。

今年春晚节目中，蔡明卖楼，这位明星口中不时会出现“老年痴呆症”这样的骂人语言，现在让我们看看所谓的老年痴呆症，它会使多少受众不安。

老年痴呆症学名是阿尔茨海默病，已被正式命名100多年了，目前中国有老年痴呆症患者500万人之多，占世界总病例数的1/4，而且每年平均有30万新发病例，仅北京就有近20万这样的病人。这样的社会群体性的病痛，在春晚这样的热闹温馨的场合，却肆意用来成为口头禅，尽管它的出发点是好的，蔡明在小品中也是以“反面”角色出现，但一旦它成为“名人名言”就有可能在新年里流行，而在春晚观众群中，可能有数百万家庭因此而不安。它的影响力还不仅如此，一些青少年朋友也可能将其引入同学调笑语言中，使民间攻击性语言增添了新的恶意语汇。

央视春晚小品越来越占据重要分量，因为它喜闻乐见、轻松活泼，并与生活紧密相联，它给过年的人们增添了许多欢乐。但是，影响力越大，责任就越大，一些调笑语言甚至低俗的语言不应裹入其中。

谁有定义“恶俗”的权力

刊发日期：2007年10月24日
作者：邵　建

在京音乐界的一些高端人士日前举行一个网络歌曲批判的座谈会，《新快报》的报道标题是“抵制网络歌曲恶俗之风，推动网络歌曲健康发展”。

我也不喜欢网络歌曲，但我比较疑惑的是，恶俗与健康，谁来定义，由谁确定？或者，谁有定义和确定的权力？

从历史上看，对于歌曲，什么叫恶俗，什么叫健康，世人如果不是铁板一块，两者的标准也就不可能划一。我们现在读到的《诗经》，很多是当时各地民歌，很俚俗。其中十五国风，和雅颂相比，后者如果被视为纯正，前者就被视为低俗了，特别是其中的“郑卫之风”。孔子固然宽容，删诗过后，还声称“诗三百,一言以蔽之，思无邪”。可是到了朱熹那里，因其所认为的低俗，还要把郑卫两风从十五国风中“净化”出去。其实郑卫多情歌而已，儒家讲究发乎情止于礼，可是那些民歌不管这些，我口唱我心，并不到礼为止。比如这首郑风中的《褰裳》，“子惠思我，褰裳涉溱。子不我思，岂无他人。狂童之狂也且。”这是一女一男隔河对歌，女的很主动：你要是想我，就把你的下衣撩起过河来。你不想我也没关系，难道就没有别人了。最后还笑骂：小狂人看你狂得那个样儿。这样的直白出自女子之口，在鼓吹“男女之大防”的道学家眼里，伤风败俗，又岂止是不健康。所以朱熹在卫风之外，更反感恶俗的郑风，“卫犹为男悦女之词，郑皆为女惑男之语。”可是，去掉道学的眼镜，这首诗包括其他郑风在内，也就是女性情感的直端表露，何不健康之有。

在某种意义上，网络歌曲也就是借助网络形式传唱的民歌，风而已。它重娱乐不重教化，并以轻快的风格在网络上流传。还以当年诗三百说事，风雅颂，风乃各地民歌，雅为京畿之音，颂是庙堂祭祀之曲。以地位论，风为下，颂包括大雅属于上层音乐。因此，风当然俗，颂当然雅。可是以历史眼光看，恰恰是那些被视为俗的国风，比雅颂拥有更长久的生命力。以后，颂之类的音乐在皇权社会中更加翰林化和庙堂化，可是它的音乐地位再高，在传唱上还是敌不过被它视为鄙俗的草根歌曲。我这样说，并不是判断座谈会上的音乐家们谱不了好曲，事实上他们曾经有过不错的曲子在流传。

音乐歌曲是用来娱乐的，俗就是俗，未必就是恶俗。就俗而言，它也有存在的理由。人本来就处在一个世俗性的世界中。这个世界需要雅，但不能因此排斥俗。其实抵制所谓恶俗的最好的办法，不是大张挞伐，而是埋头创作。只要你能拿出吸引听众的作品，桃李不言，下自成蹊。这块土地人人都是主人，包括那些网络歌手。

经典那么容易被糟蹋吗?

刊发日期：2007 年 8 月 21 日

作者：刘　铮

前一段时间，张纪中关于要改变孔悟空“猴格”的说法引起了很大的争议，在网上有些网友大骂他“糟蹋经典”；本周关于吴宇森的《赤壁》的消息又纷纷传来，“糟蹋经典”再次成为网上的一个热门短语，在百度上搜索“糟蹋经典”可以搜出 152 万个相关网页，可见大家伙儿对这个问题还是很关心的。不过我觉得，用一部影视作品糟蹋文学经典也不是一件很容易的事，甚至基本上是一个“不可能的任务”。

就拿张纪中说事儿吧。如果这位胡子男想要“糟蹋”《西游记》原著的话，最直接的方法是：把市面上待售的和私人收藏的《西游记》全部收缴，然后找人进行大规模的修改，比如删掉“封建迷信”的内容，然后再重新发行。相信张纪中做不出这样的事。

那么，通过一部电视剧作品糟蹋掉《西游记》这件事儿靠谱吗？我觉得悬。如果张纪中的戏拍得不好，观众不爱看，肯定只会骂他的剧拍得不好，不会骂《西游记》这本书写得不好。照我看，“糟蹋”是一个道德败坏的人自觉自愿要干的事，比如“糟蹋”一个少女什么的，而不是一个笨蛋不得已干的事。如果一个人的影视作品没拍好，肯定不是因为他故意要跟“经典”做对，而是因为他在某方面比较笨。如果说他“糟蹋”了经典，这个人就会因为笨而受到道德上的指责，这是不公平的。

那么，如果把“文学经典”大改了一番改成影视作品，而且在商业上大获成功，这能叫“糟蹋”吗？恐怕也不能。第一，改编作品在商业上大获成功对于原著不能说一点好处没有，多少也能提高知名度；第二，改编作品再成功，如果不会改变原著的风貌，不能改变读过原著的人们的美好印象，这就谈不上什么“糟蹋”。

那么，如果一部成功的“大改”影视作品改变了人们对原著的印象呢？比如说，人们看过张纪中版的《西游记》一下子都忘了吴承恩的《西游记》是什么样子了？如果发生这种事，只能说明《西游记》的原著已经不是“经典”了。一个人类创造的东西曾经成为“经典”，不一定永远是经典，它在当下作为经典的前提是有相当数量的人清楚地知道它的面貌。比如说，《孝女经》曾经是经典，但现在恐怕没有多少人知道它说了些什么了，所以它已经不能算是“经典”，只能算是“文献”了。如果有一个制片人要把《孝女经》改编成电视剧，让范冰冰主演，可以想象肯定会和原著有很大不同，并且肯定会“误导”大多数人对这本书的看法，但到时候恐怕不会有太多人骂“糟蹋经典”。

其实，“糟蹋经典”论者倒不一定是古典文学名著的粉丝，很大一部分都是之前某版影视作品的粉丝。我觉得这就不对了，以前的人可以改编，现在的人也可以改编嘛，两家分别弄了两个单独的东西，井水不犯河水嘛。如果说人家拍了一部电视剧，就把你喜欢的那部给“糟蹋”了，那实在也太不自信了吧！

“糟蹋”一部不是经典的书不能叫“糟蹋经典”，这是一个简单的逻辑问题。

香港的大学招生为何偏爱穷人?

刊发日期：2006 年 6 月 15 日

作者：薛　涌

我前段时间曾写文章，预言香港的大学会快速赶超内地顶尖大学。当时不少人认为我是耸人听闻。但从今年考生报名的情况看，香港各大学已经变得热得烫手，连我自己也吃惊。

以前，我的分析主要是根据香港的大学实力和对其内地学生的需求，并没有深入介绍香港的大学教育理念。上个周末参加一个学术会议，碰到一位香港某大学的历史学教授兼校长助理。于是我就内地招生的事情，向他进行了一番讨教。我们谈话中的一些内容，却有助于理解香港大学进军内地的真正意义。

他从一开始就参与内地招生。刚开始的时候，内地人对香港高等教育了解很少，比如认为香港中文大学是只教中文的学校。当时招的学生，常常是内地好学校考不上的。

而且，在开始阶段，也只在几个大城市招生。但后来他们改变了招生的方针。首先，他们把招生面扩大到大约 20 个省市，并且特别注重向云南、贵州等偏远穷困地区倾斜。他告诉我："在一个穷省，我们给了十几个招生指标，可我们在内地总共才招两三百个人。"第二，他们取消了面试。

"为取消面试，我被学校里的同事骂死了。他们说：'我们自己招的学生，给了那么多钱，怎么面都不见就录取了？'你知道，香港地方小，录取本地学生面试很方便，大家都习惯了。我刚开始到北京、上海招生，住进一个五星级饭店，然后面试学生，并没有觉得有什么不妥。但是，看到内地的情况后，马上就觉得面试不公平。你想想看，那些能从四川跑到北京、上海的五星级饭店来见你的，都是什么人？穷一点的人有这个能力吗？坚持面试，等于剥夺了一般学生的机会。所以我们取消了。老实说，面试考查学生，更细致严格些，心里更踏实些。过去面试招来的学生和现在不经过面试招来的学生哪一批好，我自己也不知道。但是问题在于：那些有能力千里迢迢来五星级饭店见我们、和我们讲英文的学生，我们不给他们机会，他们还会有许多机会。他们会一年一年地考，直到上了北大、清华，或者去国外读书。我们对他们并不那么重要。可是，那些从云南、贵州招来的学生，我们提供的机会，对于他们就很重要。我们是办教育的，目的是要改变学生的命运。这些偏远地方来的穷学生，他们的命运会被我们改变。所以把资源投到这里最有价值。"他讲这些完全没有那种施主的优越感。相反，他对这些穷学生充满尊重和感激："我们招这些学生，不仅是为他们，也是为我们自己。在香港这么一个小地方长大的孩子，视野太小了。我们有责任帮助他们认识世界，特别是认识内地，理解和他们不同的人的经验。我们去北京、上海招生当然很方便，去深圳、广州就更方便了，那就像在本地招生一样，费用省，效率高，人才也有得是。可是，把这些地方的学生招来，香港本地学生和他们接触后，所理解的中国内地就是北京、上海、广州、深圳。中国之大，怎么能以几个沿海大城市来代表呢？更何况，内地经济起飞，北京、上海那些家境好的学生，和香港本地学生在经济状况上已经区别不大。香港学生从他们身上学不到太多东西，毕业后视野还是狭小。但是，如果一个学生从连肚子都吃不饱的地方来，就会给香港学生带来一个新世界。他们的存在，会提高我们的教育水平。"

看看香港这个大学的招生思路：他们地方很小，心却很大；他们的视野，已经超越了几个大城市，对各阶层的才俊开放。这样的香港大学将要超越内地顶尖高校，靠的并不仅仅是丰厚的奖学金、美国名校毕业的教授、英语教学等，更是靠先进的教育理念、以天下为己任的气度。

历史精密锻造严谨认真的国民性格

刊发日期：2005年8月31日

作者：王锦思

中国正经受诚信危机的考验。假冒伪劣产品需要打，抗日战争研究同样也需要打假。在爱国主义和牢记抗战的炫目光环下，没有人愿意相信这也有假。况且假得堂而皇之，还能获得不吝的掌声和美誉。

一些重要抗战数字被严重夸大

山东有位抗战研究者在搜集日军细菌战的证据时，搞不清具体死亡数字，为此，他征求一个知名索赔者的意见："你说死多少就是多少！"呜呼！可以想象，以这种态度调查可信性何在？

无独有偶，原中国抗日战争史学会一位负责人认为在中国的日军阵亡198.4万人。沈阳九·一八历史博物馆宣传侵华日军阵亡200万，导致200万日本妇女成为寡妇。其实，日军大半没结婚，何来那么多寡妇？这些都显然严重夸大。而北京的中国人民抗日战争纪念馆说日军死亡、负伤、被俘共155万。中国人自己都没有统一口径，何以服人？即便从统计角度上讲，我军死伤数字更应该容易调查准确，但是至今仍然没有一致定论。

江泽民同志在1995年5月9日俄罗斯卫国战争纪念大会讲话中正式提出中国在抗战中3500万人伤亡。可以说，对于这一抗战伤亡最权威的数字应该不折不扣地牢记。但是十分可悲可笑的是，就连许多业内人士也慷慨陈词地说"3500万人死亡"，一张嘴就把伤者给"咬死"了，还有人煽情为"死难4000万同胞"。台湾有部抗战纪录片甚至说"中国的死亡者达到了3700万人，而这个数字是整个二战死难者的40%。"

如果自己没记住抗战历史，又如何期望别人牢记

有人说："中国一方面是字、纸和印刷术的发明者，拥有最发达的记忆载体，但另一方面却在丧失对重要历史真相的记忆。述而不作，清谈误国。想牢记而没有牢记，只动口不动手，这一现象应该改变了！

愚以为，哪怕普通国民牢记抗战历史，也必须对具体信息和知识大致掌握和了解，重大事件时间、地点、人物、经过，必须牢记在心。

有人认为，不了解抗战知识也无所谓，有心情就行。其实，"心情"因为不了解抗战未必理性，未必能够驳斥日本右翼，未必能够教育别人。如果自己没记住，又如何期望别人牢记？己不正焉能正人？问题更在于，日本人牢记和中国人牢记哪个对于中国人更重要？显然是后者！

2001 年 12 月，全国上下一片谩骂某歌星身穿日军军旗装的行为。其实，如果媒体没披露出她穿的是日本军旗装，批判者能识别出来吗？

可以说，如果不了解最起码的抗战历史，任何人都有可能重蹈覆辙！通过考试制度选拔人才，就是不根据应考者自以为是就予录用，而是要通过具体试题来检测水平究竟如何，避免南郭处士招摇撞骗，滥竽充数，贻误众生。《列子・汤问》记载，春秋时期周游列国传经布道的孔圣人因谬误层出，还好为人师，就遭到两个小儿之讥："孰为汝多知乎？"

再苦痛的受害者也没必要靠虚构数字来彰显不幸

最初苏联统计奥斯威辛集中营死亡 400 万人。犹太学者弗朗西塞克佩帕是遇难者亲属，从 1965 年起，不懈地追求"真实的奥斯威辛数字"，最后研究出约 110 万人遇难，虽然大为减少，但真实可信，表现了充分的责任感和严谨求实精神，更有对生命和历史的尊重，无疑值得国人学习，这是现代社会法律公正与学术理性的必需。

机器精密才能生产出好产品，历史精密才能锻造出严谨认真的国民性格。历史是知识的累加和应试的工具，更是人文精神的培养，这是民族传承的根基。

在中国的日军死亡不是 200 万，而是 45 万人左右，占日军二战总死亡数的 20% 左右。中国抗战死亡人数不是 3500 万，而是 2200 万左右，少于苏联的 2700 万人。

因此，再苦痛的受害者也没有必要靠虚构数字来彰显不幸，否则会削弱正义本身，摈弃同情，也难免再次重蹈不幸。把日军死亡数字和中国死伤数字回归虽减小但真实的数字，无损于我们的功勋，无减于我们的苦难，更能使历史记忆获得一种感伤而忧郁的美学品质，达成普遍的理性自觉，力量倍增，稳固如斯。

超女启示开放社会必将前途无量

刊发日期：2005 年 8 月 27 日
作者：熊培云

超女既出，万人空巷。2005 年，没有比“超级女声”更能吸引中国来自各个阶层的亿万观众。“我的快乐我做主”成为这一时刻的经典坐标。昨夜，这一场漫长的“快乐总动员”终于落下帷幕。李宇春获得了年度三强总决选冠军，周笔畅、张靓颖分获亚军和季军。应该说，胜出的不只是其中某位超级女声，还有我们正在形成的开放社会。

超级女声不仅让人们看到了快乐的舞台精灵何洁、有薰衣草般笑容的李宇春以及天使在唱歌的张靓颖，还让人看到了“一跪惊人”的“红衣主教”杨二车娜姆，在个性饱满的张扬背后，其更多的内涵是每个人都有选择自己生活的权利。即使是那些被所谓“公论”视为“丑陋者”，只要不干涉他者的自由，她们都有在阳光下自由行走与跳舞的权利。历史证明，一个伟大的民族，只有每个人能真实地代表自己的利益，才能真正代表人民的利益、国家的利益，因为每个个体都是人民与国家中的一员。一个人少了一份笑容，这个民族与国家就少了一份笑容。只有每个人以己之喉舌，唱出心底的歌声，才能真正唱出国民之声。

“想唱就唱，要唱得漂亮。”这不仅说出了超级女声们的心声，在一定程度上说，它也是中国人的生活宣言。“我的快乐我做主”就是“我的生活我做主”。换言之，今日中国人的生活，理所应当地由每一个中国人自己做主。中国人的幸福之声，就是要从每个中国人的喉咙里发出，它是原汁原味的生活之声，追求自由幸福的声音。

瓦尔特·本雅明被称为“欧洲真正的知识分子”。在 1925 年的那不勒斯旅行中，本雅明由城市多孔性结构看到了社会生活对于一个人的行为和态度的渗透，指出“多孔性是这个城市永不衰竭的生活法则，是无处不在的”。归根结底，开放的社会是多孔性的可以互相流动的社会。

总结一个开放的社会的特征，法国电视台经济记者弗朗索瓦·德克洛赛在 1982 年写道：一个好的社会，关键要看流动，人们“能上能下”。“老总的儿子，当上了工人；律师或技术员的女儿，回到祖辈的农场；医生的孙子谋份警察的差事……理论上，一切应该从零开始。”抛弃偏见与俗制，一切从零开始。事实上，超级女声之所以能带来万人空巷的盛况，正是因为它为观众提供了这样一个平台，虽然它并不至臻至美，但是藉此，人们可以在一个相对透明与公平的环境下，见证一个平常人家的女孩，从名不见经传到一夜间造就无数自称“玉米”、“盒饭”、“凉粉”的歌迷。一方面，超级女声们凭着自己的天赋与不懈的努力，通过海选与一轮轮晋级与 PK，赢得鲜花与掌声；另一方面，同样有许多优秀歌手可以自信地笑在鲜花与掌声之外。前者证明中国正在走向一个开放的社会，后者证明中国人正在赢得自我，学会自信地坚守自己的价值。

早在一个月前，有评委在谈到超级女声时指出，内心纯洁的人前途无量。诚然，中国未来之伟大，在于我们今日中国经济的起飞，它同样有赖于一个开放的社会正在形成。未来中国的强大，就在于在那里充满了富有个性的、强大的女声与男声。他们在透明而开放的社会中寻找属于自己的机会，并因此获得更多的来自社会与人生的奖赏。有理由说，我们对于中国未来的无限期许，更多缘于我们心底的自信与坚持：超越五千年的困顿与磨难，一个开放的社会必将前途无量。

“陈丹青愤怒” 考问研究生招生体制

刊发日期：2005年3月25日

作者：徐友渔

《中国青年报》报道，清华大学教授、博导陈丹青由于种种原因，连续4年招不到一名硕士生，进而对现行的高校研究生招生体制发出质疑，并向清华大学提出辞职。

陈丹青首先感到荒谬和气愤的是，众多投考他的学生中，有许多艺术气质、修养和专业成绩都很不错的学生，但他们因为政治和英语成绩不及格而落选，有的因为只差1分而与心爱的专业无缘。优秀的艺术人才、专业人才并非想找就能找到的，他们被排斥于进一步深造的大门之外实在可惜。我们不禁要问：政治、英语的那几分之差真有那么要紧？考查考生的政治水平，书面考试是唯一办法吗？

英语对于接受高等教育是重要的，但对某些专业来说，它毕竟是锦上之花而非雪中之炭。就算外语不能不考，但对于专业上确有天分、确有培养前途的年轻人，它成了一道无论如何也跨不过去的门槛，总不合情理。如果做不到外语低分也录取，总不至于只差几分就让很有专业天分的人饮恨终生吧？

陈丹青感到不合理和荒谬的第二点是，那些充斥了“量化”、“管理”、“科学”、“科研”等等词汇的表格和人文艺术的规律与本质有什么关系。正如他所深切感受到的，这些年我们的教学和科研中充满了虚假的“科学管理”精神和虚假的繁荣。好像什么事情一经量化就变成了科学，或者就有了科学性。不论哪一个学科，只要能在成果登记表上填写上几项，只要能开上几个鉴定，成立起什么学会或学会之下的一级、二级分会，再开上一两次年会，这个领域就算得上繁荣昌盛。

陈丹青看得很准，人文艺术教育表面看似繁荣——扩招、创收、增加学生和学科、重视论文等——实则退步，“有知识没文化”“有技能没常识”“有专业没思想”。他认为“在人文艺术学科，没有人能够夸耀并保证在学院中培养出真正的艺术家，但学院教育应该也能够达到这样一种起码的要求，即确立一位艺术学生葆蓄终生的品格”。这个说法对其他学科也适用，我们不能保证学校一定能培养出大科学家和高级工程师，但从大学出来的人必须要有基本科学素养。而现在的形式主义和表面文章与这个方向、与这种精神恰恰背道而驰。

陈丹青痛切指出的弊病并不是要有多高明的洞察力才能发现，要有多大的胆量才能说出，他的同事在私下里同意他的意见，不过，每当他在会议上发言完毕，周围便一片沉默，或者，话题随即转换。没有一位领导对他的直言予以制止和批评，个别领导还会鼓励他把想法讲出来。但显而易见，可能不会有领导和他站在一起为改变现存的不合理状况而斗争。这实在是我们面临的悲剧，对我们的生命，对我们的事业最大、最深远的悲剧。

陈丹青可以“表达愤怒”，但大多数人可能做不到，除了勇气、魄力，还要有本钱。但谁能说陈丹青就一点风险不冒，他心中没有丝毫的留恋和遗憾？难道这纯属陈丹青个人的私事，我们——特别是有责任感的知识分子，能够心安理得地把自己放在旁观者的位置？

我在很多会议、饭局上见到过各种专业的知识分子，其中包括担任学院院长、系主任职务的学者，他们谈到导致陈丹青“愤怒”的种种类似弊端，无不表示深恶痛绝，对问题的分析也可以说是鞭辟入里。但在慷慨激昂之后，他们中间似乎很少有人采取行动。相反，大多数人实际上还是照样做让自己表示不屑的事。我们也许不可能像陈丹青那么鲜明地公开批评，但难道不可以多少为改变不合理的东西尽力？至少不要一面批评，一面却又支持和巩固，以致于使人真的认为，不合理的东西是根本不可动摇的。

“赞美光山县教育”是往伤口撒盐

刊发日期：2012 年 12 月 18 日
作者：江南一木

河南光山县发生了小学生校园被砍伤事件，23 名小学生被砍伤，1 名老人危在旦夕。在受伤的孩童还在病床痛苦呻吟甚至还在与死神搏斗之际，在 20 多个家庭还在为自家宝贝无端遭遇横祸而焦虑之时，在社会舆论诟病光山县该学校安保形同虚设、谴责光山当地封锁信息、虚以应对惨烈校园伤害案的旋涡当中；在国人关注光山县如何对频发的校园伤害案进行反思、追责并改善校园安全的众目睽睽之下，《信阳日报》却冒天下之大不韪，在头版刊出赞美光山教育的文章——《光山：办好让人民满意的教育》，引来一片抗议之声。《信阳日报》随后在网络上发出道歉信，称是因“新闻职业素养差、工作责任心不强”所致。

教育的主体是学生，教育的目标是保障学生权利，呵护他们健康成长，而不是为了政绩。学生的生命是第一位的，光山在一年多的时间里，接连发生 3 起校园伤害案。连学生起码的生命安全都得不到保障，这样的教育何谈让人满意？这样的教育，还能说是“持续稳定的局面”、“辉煌的成绩”？这样的教育，还能被标榜为“全县社会事业的一面旗帜、一扇窗口、一张名片”？

校园安全是个“防万一”的工程，既要防患于未然，防各种偶发事件于日常；又要处事于果敢，万一“有事”，要果断处置、稳妥善后。光山校园伤害案发生时，只有一个保安，这符合 2010 年南平惨案发生后国家三令五申对校园安保措施的规定吗？结论还没出，对于犯罪嫌疑人是否有精神病史避而不答、“受世界末日谣言影响”却言之凿凿，这是不是在转移焦点？惨案发生后，当地教育部门有官员竟在玩游戏、不在机关的都“下乡了”，但就是没人在事故现场文殊乡。面对着 23 个受伤的幼小心灵，人们有理由要求，让光山县相关责任人走到前台，接受应有的问责和惩罚。

《光山：办好让人民满意的教育》堂而皇之发表在当地机关报头版，且被当地省级政府网站作为一个新鲜经验来“宣传”，这一举动显然是在与民意叫板，《信阳日报》虽已道歉，但问题是，报纸公然为光山教育美言开脱，难道仅仅是职业素养和工作责任心的问题？全国“走转改”深入了好长一段时间，在各方都在转变作风、文风之时，有些地方、有些部门依然我行我素。这个往受害者伤口撒盐的新闻是怎么出笼的，信阳当地应该给个严肃的说法。

光山受伤的孩童在哭泣，光山校园的孩童在期待。怎么让受伤孩子的痛不白受、血不白流，怎么让校园有一个安全的环境，怎么让每一个生命都得到政府的呵护？知耻而后勇。请光山县不要粉饰太平，回避问题，而是拿出决心和措施，还光山的学童一片安全、欢乐、健康的天空。

作家，你为何要咬苹果？

刊发日期：2012 年 3 月 21 日

作者：陈希我

不久前的 3 月 15 日，一些作家又来维权了。他们的作品被侵权，索赔 5000 万元人民币。打作品侵权官司，这些年屡见不鲜，比如之前的针对百度。不同的是，这次针对的是市值超过 5000 亿美元的苹果公司，而且选在“3·15”维权日。

这次维权，有媒体用了“作家抱团反击”的说法，这一“团”中也差点有了我。据说我的作品也被侵权，但是我最后没有成为这个团体中的一员。不是我心甘情愿被侵犯，而是我想到了另外的问题，也许是更重要的问题。

中央电视台《新闻 1+1》节目说此次维权是“咬”苹果，众所周知，这苹果本来就已经被咬了一口。为什么设计成被咬一口？因为乔布斯希望苹果电脑像“禁果”一样诱人。苹果果然不负重望，成了全球最诱人的交流平台之一。而创作者应该知道，文学乃至艺术创作，也是在切入“禁果”——它让亚当夏娃们去蔽，给人类带来知，让人类感受美。那么，苹果这个平台就是文学艺术作品最恰当的依托平台了。既然如此，为什么要去“咬”它？

作家“咬”苹果，因为苹果侵权。作家写作是付出辛勤劳动的，作家的劳动理应得到尊重。在这个意义上，我坚决反对侵犯包括我自己在内的作家们的劳动成果。这是我的基本态度。但维护劳动成果，未必就是指获取报酬。尽管在当今中国，稿费或版税确实很低，我也跟钱无仇，但是作家把挣钱的希望寄托在写作上，本身就走入了误区。真正的文学写作是不可能挣钱的，当初选择了写作，就应当明白这一点。如果要挣钱，许多职业都比写作强。把挣钱的希望押在写作上，最终可能导致不仅挣不了钱，也写不好作品。一个明智的作家应该有别的稳定的收入，然后写作，像卡夫卡那样。真正的写作者应该心平气和地把写作还原于纯粹的精神需要。

当然，这并不意味着作家写作收益就可以随便被剥夺。只是作家写作，应该有更高的需求。我以为这需求一是写作者精神寄托，二是传播。精神寄托，写作者可以自我完成；那么传播呢？看看当今中国的阅读现状，有多少人在阅读文学？不读文学也可以，阅读其他也是阅读。但走进书店，摆在显要位置的不少都是垃圾读物。20 年前，人们还以阅读高雅为荣，尽管有的是附庸风雅，但是附庸风雅总比拿风雅当狗屎的好。现在，就连文学作家们碰在一起，都不敢理直气壮地谈文学了。其实，所谓一部作品拿了多少版权，很多时候也不过是出版商和作者的合谋宣传。一些叫喊着作品被侵权损失了多少的人，其实那作品未必就那么有市场。所谓状告侵权，很多时候就是在炒作，让本来未必能带来很大经济效益的作品通过炒作，真的抬高了身价。

我以为，在当今阅读环境恶劣的情况下，真正的写作者，当务之急是要改变这种状况，一方面自己写出真的有价值的作品来，另一方面，让读者读到，也就是得到传播。

传播可分为两种，一种是完整的传播，另一种是不完整的传播。作为一个写作者，我深憾于我的作品往往得不到完整的传播，往往被七删八改，到了我都羞于承认的地步。以至于人家向我要书，我总不愿意给，总让他们看我作品的电子稿。这样，即使如约给我报酬，我也不觉得获得了写作尊严。在这种情况下，如果苹果公司完整传播了我的作品，那么某种程度上，我认可它的侵权。跟经济权益相比，我更在乎作品的完整权，更在乎写作的尊严。

不知那些要维护著作权的作家们，是否认可我的选择？也许他们觉得著作完整权不重要，报酬重要。更也许，他们已经不知道完整为何物了，已经感受不到支离破碎之痛，特别在钱的面前。

不要拿曹禺为政绩招魂

刊发时间：2010 年 11 月 10 日

作者：肖复兴

听说湖北潜江要斥资 20 亿元人民币，打造曹禺公园等系列项目，建成中国戏剧之都。这样的消息，真的是令人啼笑皆非，尽管当地政府是把这件事情正儿八经的当做大事来做的。我们有些事情就是这样，南辕而北辙，却以为方向正确无比得很，如同以正剧的样式在演出喜剧一样，让人直觉得实在是太滑稽了。

借用名人来打造自己的商业项目，名人故居便是最好的幌子。即便故居早已经不存在了，也可以新造一个，以假乱真。这样挂羊头卖狗肉的事情，如今正在泛滥。只是，潜江走得更远，更富于创造力和想象力，因为在潜江根本就没有曹禺故居的存在，它借用的不过是曹禺的这个名人之名罢了。

因为潜江只存在于曹禺先生履历表的籍贯一栏里而已，只有他的祖辈和父辈在那里生活过。这只要读一读田本相先生的《曹禺传》，即可明白。曹禺的父亲自 15 岁到两湖学院和日本东京求学，便离开了家乡，而在 1909 年从日本归国之后，再也没有回过家乡，而是到了天津。次年，即 1910 年，曹禺在天津落生，童年少年都是在天津度过，以后的岁月也与潜江基本无关。也就是说，曹禺父子两辈人都和潜江没有太大的关系。如今，潜江却要藤缠树一般，死死缠住曹禺先生，为其建造公园，以其之名打造中国戏剧之都。实在是有些可笑，说其附庸风雅，或攀龙附凤，也许并非是揶揄。

退一步讲，即使曹禺故居真的就在潜江，那里也有很多关于曹禺先生的文化遗存，中国戏剧之都就可以在那里打造得成功吗？很多冠以各种名称之都，都是我们特别热衷的，却大都是我们一厢情愿的事情。中国戏剧之都，并非是靠砸钱就能够砸出来的，那样的话，也实在是太简单了。它应该是脚上的泡，是自己慢慢走出来的，靠历史的积淀而成，历史上，潜江没有曹禺先生的任何足迹，没有话剧和戏剧的任何积累，中国戏剧之都便只会是空中楼阁。

可以考察我国任何一处戏剧繁华之地，都是岁月一点点积累而使然。比如上海、天津和北京，以北京为例，戏剧的繁荣，最早始于元代，是关汉卿等人的努力，让勾栏瓦舍兴盛于砖塔胡同一带。清末民初，中国戏剧的再次繁荣，源于徽班进京之后，清政府驱赶汉人，内城不许建戏园子，而使得所有的艺人和剧场集中在外城前门一带，至今最老的剧场广和楼还在，梅兰芳的祖宅也还在。所有的这些，潜江何曾有一点一滴的积累？就敢喊出大话来要打造“中国戏剧之都”？

以为钱能通神，只要花钱就可以无往不胜，是如今这样可笑事情屡屡发生的必然原因。如果上溯不远的历史，可以看到当时一个口号非常出名，叫做“文化搭台，经济唱戏”。从这个响亮的口号里，一可以看出，我们是把文化当成经济的附庸，文化不过是搽在经济脸上的一层脂粉而已，是经济的马前卒和开场锣鼓；二可以看出，唱戏本身就是经济，中国戏剧之都的本意便一目了然，曹禺在不在潜江不管，曹禺唱不唱戏不管，只要经济唱戏就行了。还是饶了曹禺先生吧！

许多借名人之名而行空壳化的所谓文化项目，其实都是出于经济利益考虑的。不是说考虑经济不对，只是如潜江这样所谓打造中国戏剧之都的项目，实在是有些荒唐，是既背离经济又背离文化的。在有地方斥资50亿打造莫须有的夜郎古国之后，接着又有潜江斥资20亿打造中国戏剧之都，该适可而止的打住了。要不还会有新的乌托邦式的狂想曲，在更多个亿出手豪放的投资伴奏下，前赴后继地唱响。

第四章：草根民生

小商小贩不是什么见不得人、不容于社会的行当，它是一种正大光明的职业，几千年以来的中国如此，放眼当下的世界亦如此。

在管理混乱的火车站，在不被信任的列车上，文明人也会变得野蛮。

在很多二线、三线城市貌似生活安逸，但是，年轻人回到那里之后发现，这些地方严重缺乏机会公平。

“北上广”能够按价论市，能够给有能力的人提供就业的机会，能够让勤劳的人得到更多的报酬。

一次闯红灯，终身“不诚信”？

刊发日期：2013 年 4 月 20 日

作者：刘　行

治理“中国式过马路”，厦门拿出新举措，民警除警告处罚之外，还将记录下闯红灯人的违法行为，并且永久保存，今后考驾照、找工作、贷款都将受到影响。

对于闯红灯乱象，下重手进行治理，很有必要，但是，如果仅仅因为一次闯红灯，将终身有“诚信污点”，无疑在情理法等各方面都是站不住脚的。

先说“法”。2004 年国务院。《全面推进依法行政实施纲要》就明确要求，没有法律、法规和规章依据，不得作出对相对人不利或增加其义务的决定。行为人闯红灯，固然违法，依据《道路交通安全法》处以一定数额罚款，是于法有据的，但如果在法律之外随意对处罚加码，甚至比法定处罚更严重，显然逾越了权力的法律边界。

再说“理”。行政机关执法工作，合法也要合理，符合“比例原则”。闯红灯理当受罚，但应罚并非意味着可以乱罚，而要依法合理处罚。或许有人认为，只有数额较小的罚款，根本无法有效遏制“中国式过马路”，这种担心不无道理，但这却并不是法外施加终身诚信污点的合理理由，即使不用法律人的专业视角分析，只基于普通人的常识，这样的处分也远超出闯红灯所应受到的处罚力度，过错与处罚严重失衡，于理不合。

最后说“情”。“中国式过马路”由来已久，原因很复杂，其中与民众法律意识淡薄有关。但是，很多交通规划设施不合理、不完善，守法需要付出过多的时间和精力甚至体力成本，恐怕也难辞其咎。这固然不足以成为闯红灯免罚的正当理由，但将由此引发的一切责任均让违法者“一个人扛”，甚至付出终身不诚信的代价，实在难让人接受。

即使退一步讲，未来诚信社会不容哪怕最微不足道的违法行为，那么在这个诚信系统健全完善之前，尤其是那些比闯红灯更严重、危害更大的违法行为尚未完全记录在案，并发挥实际效用，甚至有些类型犯罪“前科”都可以定期评估、消除的情况下，对闯红灯行为“下狠手”很难让人信服。如果更大胆一点假设，公民闯一次红灯可以终身克减其权利，那公权力违法呢？是不是也可以采取类似措施，只要有一次违法行为，就能终身推定有违法行政的嫌疑，甚至克减其执法权力？

任何公民、社会组织和国家机关都要以宪法和法律为行为准则，依照宪法和法律行使权利或权力、履行义务或职责。治理“中国式过马路”，固然不易，但这不是背弃法律原则和精神的理由，相反，越是这种“棘手”的事情，越要强调依法而行，严格恪守权力的基本边界。

凤凰古城“一票制”是“杀鸡取卵”

刊发日期：2013年4月12日

作者：陶短房

凤凰古城开始强制性收取148元的“一票制”门票。因不满新规可能导致的客源流失，昨日上午多家商铺关门，北门码头围满了抗议的人。对此，凤凰县有关部门给出了两点回应：一是“一票制”比原先分景点购票更省钱；二是对于商家的抗议，相关部门正召开紧急会议处理。

对此，反对者指出，所谓省钱，是在假定游客会游遍所有景点的前提下，而事实上许多游客只会选择性游览，甚至只在古城里休闲、消费，领略风土人情，一个收费景点也不去，省钱，从何谈起？

其实，实行“一票制”后，每卖出一张门票，政府就能从中获得60元左右税费收入，政府此举有牟利之嫌。而且，政府推出此举前，既未经过充分市场调研，又未经过任何形式的听证会，显然不妥当。

地方政府希望获得更多税费，本身并不出格。不过，“一票制”看似增加了门票收入，实际却抑制了餐饮住宿、旅游商业、文化娱乐等产业的发展，有“杀鸡取卵”之嫌。但更关键的在于，“进门钱”收不收，谁说了算？

本来，政府应维护古城内商家、居民的利益，确保正常的商业社会秩序。具体到“进门钱”，受影响最大的，显然是古城内的商户和居民，是否收门票，将直接影响这些商户的业务量和利益，并影响居民的居住环境。

据了解，对于“一票制”，当地许多商家是反对的，全国舆论也多是反对声音。但有关部门置之不理，照收不误。

当务之急，当地政府应亡羊补牢，尽快召集城内商户、居民座谈，提出整改意见，在广泛听取民众意见的基础上，重新修正凤凰古城的门票规则。

年轻人为什么又逃回“北上广”

刊发日期：2011 年 7 月 17 日
作者：于德清

最近，媒体报道，当初一些逃离“北上广”的年轻人，又逃回来了。从因为高房价、高物价、限购而逃离“北上广”，到逃回“北上广”继续打拼实现自己的梦想，颇有戏剧性。其中究竟发生了什么，是什么原因能够帮助这些年轻人克服高房价等压力，又再次回到这些非常不宜居的城市？

尽管，每个人都有其具体的原因，但是，从很多人的回答中，我们可以看到，几乎在很多人家乡的城市无论是职业还是创业，都不得不面临观念的冲突——在职场上，很多人靠的是关系，而不是能力，在商场上竞争靠的不是方案，而是喝酒、送礼等交际能力。当然，如果你要自己创业搞个小本生意，如果上边没有人，那么有关部门也就会三天两头来找你的麻烦。“小地方，要靠爹”，这话说得一点都不错。

这透露出来的信息是，在很多二线、三线城市貌似生活安逸，但是，年轻人回到那里之后发现，这些地方严重缺乏机会公平。近年来，很多地方被曝光“萝卜”招聘、就业变成了“拼爹”游戏，我们不难发现，很多有关“官二代”、“富二代”的新闻事件，多发生在二线以下的城市。

尽管，这并不意味着，在“北上广”就没有社会的不公。但这些城市毕竟存在着健康的、向上的市场的力量，所以，“北上广”能够按价论市，能够给有能力的人提供就业的机会，能够让勤劳的人得到更多的报酬。在“北上广”物质生活再艰难，平民子弟的前景却相当更加光明。

改革开放 30 多年，“北上广”对这些大城市的塑造，不仅仅物质性的，也是精神性的。在“北上广”迅速成为国际性的大都市、摩天大楼比肩接踵的同时，这些城市因为对外开放的区位优势，也孕育和生长出了现代商业文明，以及与之配套的法治环境与文化氛围。

很多人看到了“北上广”高房价、高物价的一面，却没有看到，这些城市绝大多数的企业根本上还是要靠市场吃饭的，也没有看到“北上广”也是当下中国技术创新、商业模式创新最活跃的地方；很多人看到，在“北上广”，权力约束同样乏力，鲸吞公共资源的现象同样触目惊心，却也应该看到，这些地方讲规则、讲法治的商业力量也非常强大。

问题是，这些向上的力量应该得到鼓励，“北上广”理应成为有志青年的就业首选之地。也就是说，“北上广”应该对年轻人有实现梦想的感召力。对很多年轻人来说，与其在“酱缸”中厮混一生，还不如逃回“北上广”自食其力谋一份工。

逃离又逃回，这难道仅仅是年轻人的狼狈与尴尬吗？“北上广”已经从“理想之城”变成了不得已的选择，事实上，更令人担心的是，如果“北上广”的容纳能力达到极限，现代商业文明的光芒褪色，年轻人还能逃到哪里去？

张悟本是医疗环境的一面镜子

刊发日期：2010 年 6 月 1 日
作者：郑山海

张悟本红了，又迅速在衰退。今天，人们的确可以鲜明地对张悟本的某些理论进行批判，但更为重要的似乎还是应该思考，张悟本的一套并不怎么高明的理论，怎么就能在短短的时间内，在一种几乎是光天化日的环境中，把那么多的群体“迷倒”了呢？

从这个角度上说，张悟本更像是一面镜子，照出了当今社会这样两个问题——人们对养生是多么期待，而实用的养生教育又是多么欠缺。

“治病不如防病”，“上医不治已病治未病”，这已经成为了人类健康工作的一个常识，当代医学也在不停地提醒人们，通过合理的饮食习惯以及健康行为，可以减少人们的患病几率，可是，什么样的饮食习惯好，对于那些已经罹患了某种慢性病，或者是身体处于亚健康状态的个体，能不能制定一些具有针对性的食谱，真正具体到一些具体细节时，当代医学却又往往无所作为。

比如，当代医学告诉肥胖的患者，要注意低糖饮食，但低糖食物有哪些？是红薯糖少还是土豆糖少，西瓜和梨谁对血糖的影响更大？还比如维生素 C 有保肝作用，但哪些食物的维生素 C 含量高，真有患者询问这些问题时，临床上很多医生常常是一脸茫然。

如果说在饮食健康方面，很多医生处于“无可奉告”状态，那么许多关于某些具体疾病的基本知识在很多时候，医生们却是无暇或者不屑于告诉患者。医院考核医生的重要指标也是看你的病历写得好不好，至于有没有和患者沟通，那是很“软性”的东西。所以，很多人抨击当今的医院眼中“只有病没有人”。在这样的情况下，张悟本们出来解答人们心中的健康疑问，自然会大受欢迎了。

另外值得一提的在于，当今的医生没时间和患者交流是一方面，不重视交流也是很重要的一个原因。如今评定医生常常兼顾“医教研”能力，应该说这些能力的确很重要，是让医学进步非常重要的基石，但这其中恰恰忽略了一点，那就是和患者的沟通能力。

因为这样的原因，在一些医生眼中，甚至将“沟通”能力理解为“忽悠”，认为只要治疗方法正确，根本不需要和患者啰嗦什么。但现实情况却是患者在寻求医疗救助的同时，也在潜意识中寻求医学知识，所以，笔者以为，今后在评定医生时，应该实时加上交流能力，即“医教研交”，也许这样的医疗行为才更为完整。

张悟本迅速蹿红说明了人们对健康常识的极高期待，但张悟本迅速衰败，也说明当今社会的鉴别能力也在不断加强，这是对当代医学提出的更高要求，同时也是当代医学发展壮大的巨大机遇。从这个意义上讲，张悟本是一面很好的镜子。

“牵尸谈价”还要被容忍到何时

刊发日期：2009年11月4日

作者：于 平

长江大学学生何东旭、陈及时和方招救人事件又有新进展，此前，媒体所披露的“渔夫见死不救”情节，已被当地警方证实并不存在，相反，事发水域的两名渔船船主曾积极参与了救人；但同时，当地个体打捞者利用捞尸牟利的细节也被曝光，其中，捞尸者用绳牵拽水中的大学生遗体，索要更高捞尸费的照片，成为了投向舆论的一颗震撼弹（2009年11月3日《华商报》）。

没人会忘掉这个可怖场景。那些勇敢的大学生，人们心目中的英雄，许多人甚至呼吁给予他们国葬的礼遇，可他们当时所受到的待遇却是，遗体被牵来拽去，成了用来讨价还价的“物品”，生命的尊严荡然无存。

网络上，人们用各种词汇诅咒着“牵尸谈价”：冷酷、肮脏、无耻、卑劣、丧尽天良、十恶不赦……公权机关可能也不会袖手旁观。当地警方或以涉嫌敲诈勒索追究个体打捞者的法律责任，据披露，可能有团伙暴力垄断那一带江面的打捞业务，若情况属实，那么，更大规模的追查行动不可避免。

然而，单纯谴责冷血的打捞者，甚至将其绳之以法，这究竟有多大的意义呢？实际上，我们无法彻底断绝打捞者的“营生”，因为这只会让遇难家属求援无门；我们也不能说，打捞者若降价就是合理的；我们更不能奢望，打捞者把打捞遗体当成见义勇为，冒生命危险每天义务劳动。

我们看到了打捞者的人性恶的一面，但最根本的问题在于这种商业化的打捞模式。此前，面对各地出现的打捞费争议，有论者建议“打捞市场规范化”，合理收费，然而，“打捞”根本就不该成为一个市场，所谓的打捞市场，只会是一幕幕类似“牵尸谈价”场景的大集合，无论如何都是对人性的悖逆、对生命的亵渎。

打捞遇难者遗体，这理当成为一种生命的仪式，这一仪式组织者应是政府，而非民间。我们的社会越来越人性化，一只猫狗遇险时都可向政府机构求助，怎么一个人落水失踪报警反而没人管了；无论是在山上还是在海上，只要公民失踪遇险，政府机构都会启动庞大的搜索力量，锲而不舍地进行搜索，那么为什么公民在江河湖泊遇险失踪，就可以漠不关心呢？如果说，这是因为技术的因素，可海上救援的技术难度要远超水上救援，拥有各种现代化装备的政府机构，理应比装备简陋的民间打捞队更卓越，如果是人手不够，培训水下打捞的专业队伍似乎并非难事，甚至，由于民间打捞专业人员众多，只要从中招募精英，短时间内就能建立起强大的水上救援队伍。

显然，政府主导下的公益化打捞，缺的不是能力，而是理念。我们应当认识到，国家是公民的庇护所，向每个陷于危难的公民及时施与援手，让每个遇难者家庭不孤立无助，给他们以最大慰藉，是国家的责任所在。文明社会不该允许那种以遇难者遗体讨价还价的交易，不能允许为等待亲人遗体浮出水面而在水边坐等一夜的情景出现。政府机构对公民的人道救援应本着“生要见人、死要见尸”的信念，对生命负责。

6 年前，一名大学生之死导致收容制度的终结和救助制度的诞生，那么今天，3 名救人大学生的逝去，是否也能引起另一个新制度的诞生呢？

我们实在不想以“大学生”的名义，因为，无论是大学生还是农民工，或是其他人，都是平等的社会一员，他们的生命都应被珍视，他们的遗体都不该成为发财者的筹码。打捞者对于生命的麻木不仁已受到了谴责，那么下一步，是该解决公共服务对于生命麻木冷漠的时候了。

是什么导致了邓玉娇的悲剧

刊发日期：2009 年 6 月 18 日
新京报社论

邓玉娇案 6 月 16 日一审完毕，法院判定邓玉娇故意伤害罪成立，综合考虑该案具体情节，对邓玉娇免于刑事处罚。由于邓放弃了上诉，若检方不抗诉的话，此判决便是终审判决。在当下中国，此判决对邓玉娇及其家人来说，算一个相当理想的结果。但若放在更高的层面去分析，比如真相到底如何？此量刑是否适当？许多人可能仍然不满意。案件的审判，是否真的体现了法治精神，此个案对司法公正、社会正义是否有制度上的促进意义，但对邓玉娇来说，这个一夜成名的女孩子，无法承受如此重大的命题。

其实，邓案发生后，公众更为关心的是过程。是这个案件发生的过程，发生后民意和官方意志交错演进的过程，然而，恰恰是这些过程，被刻意淡化了。由此，人们对邓玉娇个人获得法律上的自由表示欣感之余，不免还有些忧虑。

在此案审结后，其实有一个人不应该被忘记，那就是被邓玉娇刺死的邓贵大。或许公众略带情绪地评价，可说他咎由自取，但超越道德评价的层面，他完全和邓玉娇一样，只是这个悲剧的男女主角而已。谈论他该不该死已不重要，值得思考的是，这样一个顶职进乡政府熬了十几年才混到科员级的芝麻官，如何和他同乡同族的女子邓玉娇，成为利刃相搏的敌人。在一个乡镇范围内的熟人社会里，这样的对垒是少见的——即使是古代那些打家劫舍的贼寇，也不会在家门口作案。据媒体报道，生活中的邓贵大是一个大家评价不错的男人，可是，现在他和邓玉娇在公众心目中，成了恣意的强者与无力的弱者的代表性符号。

是什么导致这样的局面呢？使他在那个小地方可以倚强凌弱，拿出 4000 元炫耀性地侮辱一个本应该喊他一声叔叔的女孩呢？或许，是他手中的那点权力。权力被滥用造成的恶果之大，并不取决于执掌权力者级别的高低，而是取决于这种权力能否被有效监督和制约。公权力受到有效监督与制约，即使位高权重，亦不敢作恶，因为作恶的风险实在太大。反之，一个小吏再如何为非作歹，承担的风险却不大。邓贵大碰到邓玉娇，薛霸、董超碰到鲁智深毕竟是小概率事件。

如此解剖邓案可看出，转型期中国社会的分化甚至分裂是一个大问题。邓案这样一件偶发的刑事案，短短几天就聚集了对垒两方剑拔弩张的社会情绪，同族两人被公众符号化为正负两极。当地政府披露的信息几乎每一个字都遭到质疑，法学界也分化了，一批专家在和另一批专家观点对立，唇枪舌剑，你来我往。

就在邓案审理前一天，广东东莞又发生一件惨案。某厂贵州籍工人刘汉黄遭遇工伤，右手掌残断，厂方只答应赔偿9万元，而他要求17万元，他一再找厂方协商，甚至以跳楼相威胁，都解决不了问题，最后持刀杀死两名高管并刺伤一名。消息被报道后，网络上竟然许多人为杀人者叫好。难道就此可以断言这些网民嗜血、冷漠么？简单的批判显然不足以覆盖问题的全面，这其中是不是还有因弱者权益保障受到漠视而激起的民意情绪？

社会有不同的利益群体，彼此有不同甚至对立的观点亦属正常。一个文明的、法治的社会能够实现有对立有冲突但不出大乱子，根本在于对立、冲突各方都信奉同样的游戏规则——即对每个人平等的法律。否则，对立双方的裂缝很难消弭。倘若个案发生后，依各方博弈的情形，最后以非法律的方式找到某种平衡点，这样的平衡是脆弱的，不具有通适性，今后社会将因此付出沉重的成本。

不被信任的列车带来的惨剧

刊发日期：2008 年 1 月 18 日

作者：长　平

1 月 13 日，在芜湖火车站，一位女大学生被人流挤下站台后，又被尚未停稳的火车轧成两截。大多数中国人都能够想象那种疯狂拥挤的场面，都会相信这并非特别意外的事故。1 月 14 日，在长沙火车站，百余持票的大学生被赶下火车，在寒风中无人理睬，事后铁路方解释是因为超载，却连一句道歉都没有（2008 年 1 月 17 日《广州日报》）。后一起事件，正是对前一起悲剧的解释，那就是一些铁路企业的服务，正在削弱乘客对它的信任感。

网络上很多人谈到国民的素质，认为那位不幸的女大学生是被素质低下、不懂得排队文明的乘客害死的。这并没有说到点子上。首先，就算存在乘客素质问题，那也不是天生的，而是被社会尤其是被铁路服务疏漏造成的。其次，同样这些人，让他们去赶飞机，未必会在候机厅里挤成这样。

航空公司的服务也有很多问题，但至少还有一个基本的底线，那就是大多数乘客都知道，买了票就意味着可以上飞机。如果因为超载等原因不能登机，航空公司至少要解释、道歉、转签甚至赔偿。一张机票或者火车票，就是一纸合约，是承运方运载和服务的承诺。如果连基本的运载承诺都没有，为什么还要买票呢？荒唐的是，长沙火车站的事件表明，乘客没有从铁路运输部门得到这样的承诺，他们知道光有票还不行，还要跑和挤，否则也可能赶不上车，甚至上车了还有可能被赶下来。在这种情况下，能对国民素质抱有多高的期望呢？

也不要以为这只是春运人多的特殊意外，一些铁路企业的服务平时就存在懈怠。本人因为有些恐高，出差或旅游喜欢选择火车。我从不去挤春运，也几乎不在黄金假期出游，但是也常常在火车站发誓，下次一定要去忍受飞机。去年夏天在长沙站，一进候车室，那种燥热、肮脏、恶臭和喧嚣，直令人作呕。列车晚点了，但是没有任何提示。检票口前排着长队，异常拥挤。我前往一个收费的所谓“贵宾候车室”（其实就是隔离开来的一个提前上车通道），但服务人员态度恶劣，也少不了拥挤，气得我又退出来。再回到长队后面，排了一阵才发现已经是另一次车的检票了，我要上的车已经悄悄开走了。只好到售票大厅去排队半价退票。这时你不会指望有人来帮助你，你想多问一句，退票员理都不会理你。在这种环境中，你能拒绝拥挤吗？

我多次乘坐欧美的火车，我不得不“崇洋媚外”地对你保证，那绝对是一种享受。你不用担心有人拿着喇叭对你大喊大叫，不用担心有人来赶你下车，不用担心车上的人推销假冒伪劣商品，不用担心餐车里的饭菜又贵又难吃。你可以选择不同的公司，挑剔他们的服务质量、车次安排和行车质量，你甚至可以因为不喜欢某个公司的广告或者标志而拒绝它。在这种环境中，你还疯狂地拥挤干什么呢？除非你在搞行为艺术，用来同情和支持中国的乘客。

我的亲身经历告诉我，在管理混乱的火车站，在不被信任的列车上，文明人也会变得野蛮。从这个意义上说，服务不善的铁路某种程度上其实是国民素质的“退化器”。

像古人那样造桥

刊发日期：2007 年 8 月 17 日
作者：十年砍柴

湖南凤凰凤大公路上的在建石拱桥垮塌，伤亡惨重。联想到安徽凤阳修缮明朝中都城墙，修好不久就垮塌，而原来的古迹承受了 600 年的风风雨雨却依然屹立，我以为有必要思考一个问题：我们在建筑中如何仿古？笔者认为，建筑仿古必须从头学到尾，而不是学其皮毛。

明朝建长城、故宫的砖石从烧制到搬运、砌垒，每一个环节都把责任分解到人，粘合剂用石灰和糯米浆制成。我去江西赣州参观宋城时，看到城墙的砖块上刻有姓名，当地人告诉我，这是烧制砖块的窑工名字，哪一块出问题都能找到责任人。而且那时候修桥和城墙是一项旷日持久的大工程，一座小石桥修几年甚至几十年是很正常的事情，对工程一丝不苟到近乎苛刻的程度。如此修建的桥梁和城墙相当牢固，明朝南京的城墙至今还在，当年太平天国据此为都城，湘军攻城时，挖地道用炸药才能炸毁其一小段城墙。

中国人在长期的生活和生产实践中形成了一种“匠作”文化，这种文化核心就是认真负责。鄙乡明清时属宝庆府管辖，该地多石匠。我从报道中知道，建凤大公路上石桥的民工多来自原属宝庆府的新化县。笔者的祖父和曾祖父是当地有名的石匠，他们多年在湘西和黔东一带做工，那里许多的石桥、堤岸洒下过他们的汗水。祖父在世时曾给我们讲过石匠从学艺到做工的种种规矩，用我们当地话来形容：“要过得细才能过得旧。”过得旧便是说能经时间的考验。3 年学徒期，跟着师傅一锤一凿地学选石头、采石头、凿石头、打磨石头，出师后还不能单飞，要跟着在湘西、黔东一带有名望的工匠干活。我老家至今还有许多清朝和民国时代修建的石拱桥在使用。在农耕社会，工匠的声望不是靠政府给颁发某种资质证书，而是靠实打实的真功夫口口相传，名工匠也更爱惜羽毛。今天我们常说日本、德国工匠有认真负责的职业精神，其实这种精神我们的祖先从修骊山的秦始皇陵开始，到清朝末年，一直就具备，可惜而今在很多地方湮没难寻了。

具体到这种垮塌的石拱桥，工程中一个很难解决的矛盾是：要用今天的速度和员工加古代的工艺去造一座石拱桥。这桥搁在古代，可能要聚集远近闻名的能工巧匠，从大山里选来石头，一锤一凿打磨成一样大的平整石块，耗费十来年的时间建造。

从断桥照片观察，倒塌石桥的石块大小不一，这犯了建石桥的大忌。因为石桥建好是一个整体，有一块石头受力不均可能就会引发多米诺骨牌效应。而招募来的民工很难是当年三载寒暑才出师的石匠，有没有经过相关技能培训很难说。

没有充分利用现代的材料和技术，又要用传统的石材和工艺建石拱桥，却没有了传统工艺的精髓，而且为了献礼赶工期，就等于把古今建筑的长处都舍弃掉了，是两头不靠。现代的先进技术和制度没有学好或者不去学，好的传统却又丢弃了。不仅仅在建筑方面，今天我们在社会剧烈转型中，是否也在生活的其他方面犯这样的错误？

路边摊贩是正大光明的职业

刊发日期：2007 年 3 月 2 日

作者：于　平

曾经，几乎所有的城市都不约而同地向马路摊贩说“不”，然而现在，这一刚性的管理体制开始出现松动迹象——先是乌鲁木齐将小商小贩当成了“宝贝”，以建设国际大都市为目标的上海，也宣布路边摊贩“解禁”。

全国人大常委会委员郑功成疾呼：“政府不能为了城市的面子工程，就损失可能存在或可扩大的就业机会。”全国人大常委会委员沈辛荪对上海做法也表示了肯定。新华社发表评论说，“目前在上海街头的无证摊点数量超过 5 万个，每一个摊点背后都往往维系着一个人甚至一个家庭的生计，仅此一项政策的调整，就能让多少身处社会底层的民众获得生存发展的权利！”

《就业促进法》已进入审议阶段，通过路边摊贩扩大就业，这样的观点已不止一次提出，然而该观点一直被忽略，因为在许多人眼里，小商小贩属于一种“非正规职业”，登不了大雅之堂。

其实，小商小贩不是什么见不得人、不容于社会的行当，它是一种正大光明的职业，几千年以来的中国如此，放眼当下的世界亦如此。我国《宪法》规定，公民有劳动的权利。我国政府签署的《经济、社会和文化权利国际公约》写道，“本公约缔约各国承认工作权，包括人人应有机会凭其自由选择和接受的工作来谋生的权利，并将采取适当步骤来保障这一权利。”所以，允许在路边摆摊，谋取生计养活家人，这样的“小事”其实并不小，它体现出一种创业和谋生的自由，属于一种经济权利，也是一种国家承诺和责任。

上世纪八九十年代，许多到海外淘金的中国人的创业之路，就是从陌生的外国城市里摆小摊开始的，这些小摊成就了一个个中国人的财富梦想，并在国内掀起了一阵海外“练摊”的热潮。而国内的一些城市在上世纪 80 年代开始建立马路市场，后来发展到小区市场，现在发展成为超市。随着“城市管理”和“城市形象”的“升级”，“马路经济”的概念很少再被人提起。

但是，实质上的“马路经济”还是顽强地存在着，在城市的窄街陋巷开花。这是因为路边摊贩的从业者大多是社会的弱势群体，他们缺财富资本、少知识技艺，只有靠一双勤劳的手，手停意味着口停，他们在“城市管理”的空隙中，苦寻容生之地。但他们的身影注定不会退出城市——生存的需求、过上好日子的渴望，这是一种无论如何都难以压制的人性需要。

另外，街市的方便性和低成本是现阶段其他市场方式所不可比拟的，它的存在给街道两边的社区居民生活带来了丰富而廉价的生活必需品，把他们赶出街巷，也会给居民带来不便。

小贩们没花国家的钱，靠个人之力解决了自我就业，为国分忧，并用他们的劳动，为城市生活创造了种种便利，所以他们不仅不该受到不公平的对待，而且应得到尊重。我们应该理直气壮地适度发展“马路经济”，把小商小贩当做吸纳劳动力、扩大就业的一个渠道。

当然，路边摊贩的有序化，需要城市的管理和引导，需要城市提供卫生等服务，甚至需要征求马路附近居民的意见。但这些，都要以“允许路边摊贩存在”为前提。事实上，只要有恰当的引导和服务，完全可以实现“马路经济”的有序和健康发展。

整顿市容：多少不平假汝而行

刊发日期：2005 年 6 月 8 日
作者：滕　彪

《中国青年报》报道江西赣州市崇义县有关部门"为整治市容环境"，对县城的沿街流浪乞讨人员和精神病患者实施收容遣送。他们把 7 名流浪乞讨人员和精神病患者强行押上一辆福田汽车，随后"被扔到了邻县的荒郊野外，其中有 5 人失踪，至今下落不明"。

事情发生在当地最冷的时候，而且一直下着大雨；根据受害人家属的反映，这些迄今没有音信的精神病患者和乞丐生还的可能性已经很小了，在野外不被冻死也会被饿死。精神病患者和乞丐同样是中国公民，同样有自己的生命权利和人格尊严——我们不禁要问：到底谁在漠视生命?

也许首先是那些野蛮的执法者。一旦那些失踪者被证实已经死亡，那么这些直接参与执法的人很可能构成杀人罪。因为在那种恶劣的天气下，把缺少生活自理能力的精神病患者抛弃在荒郊野外，极有可能造成死亡后果。

按照刑法和犯罪理论，如果能够证明他们明知这种后果而放任其发生，就是间接故意杀人行为；如果能够证明他们应该认识到这种后果，因为过于自信或疏忽而没有认识到，就是过失杀人行为。

但是悲剧的背后还有一个黑手，那就是冠冕堂皇的"整顿市容"。很多地方都在如火如荼地搞形象工程，一些领导为了在自己的任期内造成造福一方的假象，为了给自己升迁制造一些看得见的"成就"，为了向上级汇报时有一些实实在在的"数据"大肆拓宽马路、兴建机场、竖立高楼——往好里说，就是拿纳税人的钱垫高自己的宝座；往坏里说，就像王怀忠建阜阳机场一样，拿老百姓的血汗钱打水漂。

在形象工程的幌子之下，上演着圈地丑剧、野蛮拆迁惨剧和抛弃乞丐和精神病人的悲剧。他们觉得乞丐有碍市容，精神病人有碍观瞻，所以“整顿市容”的第一件事就是让他们从视野里消失。至于这些人是饿死冻死还是在别的城市里出现，那与本地的形象无关，不在考虑之列。

他们不明白，真正美好的城市形象、吸引投资的因素，是公正的法律制度、开放的经济体系和人与人的和谐关系，而绝不是乞丐的多少。

形象工程和乞丐如果有关系的话，那就是太多的形象工程使一部分穷人负担过重而不得不沦为乞丐。我们还可以再问：为什么那么多城市热衷于“整顿市容”，搞政绩工程、面子工程？说到底，还是因为官员的“政绩”观出了问题，或者说，考核政绩的制度出了问题。

城市形象、飞机场、大企业、高速路、“新农村”，这些是最容易看得到的政绩，是最能够向上汇报和炫耀的东西。假如官员的选任和考核能够很好地受到本地民众的监督，那么这种悲剧就没有发生的基础。因此，改革官员的任命制度、政绩考核制度，势在必行。

新京报
品质源于责任
新京报十周年丛书

第五章：国际随笔

教育的一大功能就是社会流动，使下层社会有靠自己的努力上升的机会。所以，大学不仅应往高处看，也要向低处走。

市长是一个执行者，并不是决策者。决策和执行的权力必须分开，这是美国式的防范之道。

欧美资深记者会记着官员的承诺，某一天官员改弦易辙，记者会替老百姓发问，“你怎么食言了？”

保障“证人出庭”不妨借鉴英国经验

刊发日期：2013 年 1 月 18 日
作者：刘昌松

中国留学生董小姐在英国拉夫堡大学宿舍丢失一部价值 3000 元的 iPhone4 手机，英国警方在另一个城市为其找回手机。近日，盗窃犯在法院受审，董小姐将受英国警方邀请出庭作证，往返中英的机票，以及在英国的食宿、交通费用 10000 元人民币左右，由英警方承担。（2013 年 1 月 17 日《新京报》）

一个小小的刑事案件，为确保证人出庭，英国人可以说不惜代价，这种对证人出庭的重视，对司法公正要求之严苛，由此可见一斑。

其实，这也是被制度逼的。在英国，控方（警方）提交法院的起诉书必须在背后记载本方证人的姓名，必须传唤证人出庭作证；否则，视该证据为不存在，由控方承担不利的后果。证人不出庭的例外情形只有两种，一是用各种方法都无法使证人出庭作证（例如下落不明），二是该证人为一不可信赖的证人。这两种情况下，若该证人证言不是对案件基本事实无关紧要，则控方承担败诉后果无疑。

正因为证人不出庭有如此严重不利的后果，英国警方才不惜一切代价让证人出庭，英国证人出庭率之高，也可想而知了。

而在中国，刑事案件证人出庭率却非常低。例如据有关资料，深圳中院的证人出庭率一直徘徊在 2%~5% 之间；北京某中院辖区某年度的 5500 件刑案，证人出庭的只有 29 件，只占案件总数的 1%。著名的李庄案一审中申请了 6 名证人出庭作证，最后一名也未出庭，法庭解释的理由，居然是证人不愿出庭。这种情形下的办案质量自然难以得到保障，出现一些荒诞离奇的冤假错案，也就不足为怪。

刑诉法在修订前，我国刑事案件中证人出庭率低，原因是多方面的，包括法律对证人出庭的硬性要求不够；刑事审判流于形式，法院对检方配合有余、制约不足，许多刑事法官存在“证人不出庭，质证更简便”

的意识等，但证人出庭缺乏足够的经费和人身保障，恐怕也是重要的因素。一方面，证人不出庭，法律没有规定任何不利的后果；另一方面，证人出庭了，经济上没有补偿，人身安全也没有十分保障。人有趋利避害的本性，在这种情况下，证人选择不出庭，几乎是顺理成章的事情。

好在，新修订的刑诉法加强了对证人权益的保障。主要有两方面，一是加强了对证人的人身权的保护，规定了对证人及近亲属的人身和住宅采取专门性保护等措施；二是明确了对证人出庭的经济补偿，规定证人因作证而支出的交通、住宿、就餐等费用应予补助，列入司法机关业务经费，由同级政府财政予以保障。不过，要让这些措施执行到位，恐怕还得在制度上进一步细化和明确才行。

与此同时，新刑诉法对证人应当出庭也作了一些硬性的要求，例如，控辩双方对证人证言有异议，且该证人证言对案件定罪量刑有重大影响，法院认为证人有必要出庭作证的，证人应当出庭作证。但也看到，法律对“证人应当出庭”加了这么严格的限定条件，相比英国警方为一个 3000 多元的小案子，花万元多代价保障证人出庭，我们的证人出庭“门槛”有必要进一步降低。

书面证言代替证人出庭，这难以保障被告人和辩护律师的辩护权，有碍司法公正的实现。保障证人出庭，“保障人权”事关宪法精神能否落地，所以，国家当在资源上给予充足的保障和支持。

萨科齐为何屈就向媒体“汇报工作”

刊发日期：2007 年 8 月 22 日

作者：白　烁

法国总统萨科齐亲自打电话给《世界报》的记者，他和家人在美国度假期间所住别墅是靠朋友出钱租赁的，每周租金为 2.2 万美元，由巴黎一家珠宝店老板和某个美国奢侈品牌巴黎分公司的公关经理共同“买单”。而前一次在豪华邮轮度假，是由一位亿万富翁朋友付款的。(《京华时报》2007 年 8 月 20 日)

总统屈就向媒体“汇报工作”，倒不是为了体现平易近人的风范，而是怕公众的“看门狗”不停狂吠，进而影响自己的政治声誉。尽管萨科齐在电话中说没有什么事需要隐瞒，只是不希望自己和妻子塞西莉亚的私生活被曝光，但实际上法国媒体已抓到了总统“不体面的把柄”。不信等着瞧，要是萨科齐今后在治国政策上向珠宝、奢侈品、海洋旅游业等稍有倾斜，这桩事一定会拿出来重说。

欧美的许多严肃新闻媒体，对监督官员行为非常重视。尽管商业化浪潮迫使媒体“笨下去”(dumping down)。但对政府官员的监视一直未懈怠。美国记者把尼克松总统拉下马的事人人皆知，《泰晤士报》专栏作家里斯·摩根的一篇专栏文章让英国政府高官当天辞职也不算新闻，媒体一年到头揪不出一位不体面官员的案例才是新闻。

法国前总统密特朗去世后，人们才知道他有 6 个以上的情人，媒体只是调侃了一下。但是，如果把纳税人的钱花在情妇身上一分一厘，或者打个电话拿公权为亲朋办私事，媒体会穷追不舍。英国“盲大臣”布伦基特因为给所管辖的签证处官员打了一个电话，希望给情人的女佣加快办“绿卡”，被媒体揪出来后第一次辞职；重新回到政府不久，记者又发现他曾花了约 70 英镑的公款，给情人赠送了一张往返火车票，他被迫第二次辞职，就此永远离开政坛，最后一次在电视上露面是牵着自己的“导航狗”，泪流满面。

上世纪 90 年代初，保守党的工贸大臣汉弥尔顿在议会上为一位富商法耶兹——也就是戴安娜王妃的男朋友的爸爸，问了一个问题。工贸大臣询问经济问题再正常不过，但《卫报》的记者总觉得事出有因，于是花了 5 个多月时间进行调查，结果发现汉弥尔顿曾在法耶兹在巴黎的豪华酒店住了一个星期，没有支付 1700 多英镑的住宿费，汉弥尔顿受贿的丑闻于是公布于众。他辞了职，在 1997 年大选中丢掉议员资格，后来在另一场官司中失败，倾家荡产。最有趣的是，汉弥尔顿夫妇破产后找工作很难，没有哪家企业相信这个受贿者能把工作做好。无奈之下，他们最后找到英国广播公司（BBC），去主持一个“世纪丑闻”的节目，其中也包括自己的行径。

欧美公众的“看门狗”虽然无权无势，凡事都要拿出真凭实据，但资深记者监督官员的技巧和公众信任度也很高。他们会记着官员的承诺，某一天官员改弦易辙，记者会替老百姓发问，“你怎么食言了？”“你这样随便讲话怎么让人相信你讲的？”他们记着高官都做了些什么，就像法国总统萨科齐让朋友支付度假费用一样，将来一旦露出回报朋党的迹象，总统就会被媒体清算。

18 岁美国年轻人能当得了市长吗？

刊发日期：2005 年 11 月 28 日

作者：林　达

今年秋天的美国地方选举中，密歇根州的 Hillsdale，艾奥瓦州的 Roland，还有宾夕法尼亚州的 Linesville，选出了 18 岁的年轻市长。在俄亥俄州和缅因州，也有 18 岁的年轻人选进了市镇委员会。这几位 18 岁的市长，都还在读高中，他们如何当市长呢？

美国是一个小镇的国家。

除了纽约、芝加哥等为数不多的大都市，每个州还有一两个中等城市以外，大部分都是分散的小市镇。小镇星罗棋布，在行政上还包括周边农村的人口。一般的市镇人口大约就是几千人，上了万人就算是不小的镇了。这次选出来的年轻市长们，就是美国标准小镇的行政首长，他们都叫“Mayor”，译成中文就是市长。这些市长，相当于我国乡镇选举中产生的镇长。

这些小镇市长，不属于联邦和州的官员序列，他们是地方上的民选官员，和联邦政府与州政府没有上下级关系，他们只对选民负责。他们当市长，可能也有一份薪水，这薪水的来源就是选民们缴纳给地方上的税收。镇子要是小的话，这些税收也有限，能用来给市长发薪水的部分更有限。几千人小镇的市长，通常不是全职的，这些人必须另有工作或另有生意来养家糊口。有时候，市长的薪水几乎就是象征性的，这个职位更多的是一种对家乡的贡献，是为乡亲们服务。

所以，这几位年轻的市长，当了市长，仍然是高中学生，仍然要上学，要做作业，要考试。这些并不妨碍他们当市长。市长本来就是“业余”的。

可是，市长毕竟是市长，市长是有权力的，他们能当好市长吗？这就要看美国的市长是怎么当的了。

艾奥瓦州 Roland 市新当选的高中生市长山姆·裘尔（Sam Juhl）在学校里就对公民课特别投入，还参加学生俱乐部和学生会的工作。

他在几年前就开始阅读市镇委员会会议的记录和简报，旁听市镇委员会会议。他还开始研读《罗伯特会议规则》，这是美国民间已经有150多年历史的一本开会规则，记载了开好会议的规则和程序，比如如何主持会议，会议主持者要中立地让所有人都有平等机会表达；如何提议、附议、辩论和表决，这个过程要像球赛一样公平。

诸如此类的细节，是一个市长的基础课。所以山姆很自信地说，当市长的资格，他一点不比别人差。

那么，一个市长的日常工作，比如修桥铺路、市镇设施的建设、图书馆、老人中心、中小学教育，甚至地方的治安，包括雇用专职的工作人员，这些市镇政府的日常事务，这个18岁的高中生能胜任吗？他的市民们好像并不怎么担心，要不然也不会选他了。其原因在于，这些市镇的行政管理，是一种程序性的管理。程序性管理是英美式行政的本质特点。一个市长，能够做些什么，不能做什么，要做的话必须按照什么程序来做，必须服从怎样的制约，这些都已经有法律规定好了。法律规定市长不能做的事，你不顾法律规定硬要做，那是违法的；法律规定市长必须做的事，你不去做，那是渎职。如果你有什么创新的好主意，要打破常规来做的话，你必须先提交给市民大会或者市镇委员会，让这些决策机构通过，成为地方性法律。上面所说的市镇事务，市长没有立法决策的权力，它们是在市民大会或者市民代表大会上决策好了的。

决策和执行的权力必须分开，这是美国式的防范之道。市长是一个执行者，并不是决策者。所以山姆说，市长只不过是一个促进者，我能当好一个市长。所以他的母亲会信心满满地对这位18岁的高中生市长说：好好干，儿子！

大法官不是总统的人

刊发日期：2005 年 7 月 7 日
作者：林　达

美国联邦最高法院首位女法官奥康纳突然宣布退休，这是联邦最高法院 11 年来首次出现空缺，也是布什总统任职以来，首次有机会任命最高司法机构的法官。可是，这是不是意味着，就会出现两个效忠布什总统或者说效忠布什所属的共和党的大法官呢？事实证明，并非如此。

大法官们令总统伤透脑筋

在美国历史上，出现过许多在任命之后，却令总统大失所望的大法官。最近的《纽约时报》文章，举出许多例子，讲述一系列总统在大法官任命问题上的遭遇：常常任命本身顺遂心愿，获得国会通过，可最后大法官的表现却事与愿违，令总统伤透脑筋，甚至大发其火。文章指出，这是“布什总统面前令人沮丧的历史事实”。

最著名的是艾森豪威尔任命的沃伦首席大法官。他的一系列裁决影响了美国的历史，其中最有名的，就是 1954 年 5 月 17 日宣布裁决的布朗案。它以结束南方种族隔离制度的开端，名垂青史。沃伦大法官因此成为联邦最高法院历史上最有作为的法官之一。可是，他的一些裁决却打乱了艾森豪威尔总统的计划，另一些裁决和总统的期望背道而驰。使得艾森豪威尔总统把自己对沃伦大法官的任命，称为是“我此生犯下该死的最大错误”。

最近几年，共和党任命的几个大法官，包括这位即将退休的女法官奥康纳在内，对共和党来说，也都不尽党意。大法官奥康纳在最高法院是有名的中间派，而不是铁杆偏向共和党。这种情况是如何发生的呢？

一方面，虽然美国宪法规定，联邦最高法院大法官是由总统任命，但是，他的提名必须通过有两党组成的国会批准。政治倾向过于明显的法官，会遭到对方党派的抵制。例如，里根总统提名的伯克，在当时就没有能通过国会的批准。

再者，国会批准的一个重要依据，是此人的学识、能力和智慧。因此，通过国会批准上任的大法官，没有一个是等闲之辈。女法官奥康纳就一直被称为是美国最智慧的女人。何况，司法独立是美国法治的精髓。虽然大法官由总统任命，可是上任之后，他和总统没有任何关系，和政党也没有任何关系。他甚至必须尽量割断一些可能引出猜疑的个人联系。

职业荣誉是大法官的生命

大法官必须面对的压力是什么呢？是民众、同行和历史。

总统有总统特殊的荣誉感，他梦想创造出一段繁荣的经济、领导一个昌盛的时代；军人有军人特殊的荣誉感，他追求勇敢、坚定，保卫了自己的国家；那么美国联邦最高法院的大法官们，也有他们特殊的荣誉感。那就是像沃伦大法官那样，用正确的裁决，指出美国的一段历史方向，用自己对法理的正确理解，从法律的角度，为国人厘清一段思路。他们每人都把判决的思考过程写成判词，并且立即公开，面对民众，也接受全国的法律专家同行的点评。哪个大法官有精彩论点，哪个大法官无所建树，当场开箱见分晓。他们的裁决还留在历史案卷里，经受时间的检验。他们读着一本本的历史书，历史学家在犀利地剖析着他们的前辈，哪个大法官是历史巨人，哪个只是平庸之辈。他们不可能不联想到自己。他们要以最公允的态度、最杰出的表现，获得自己作为大法官的荣誉。

大法官上任之后，既不拿总统、党派的钱和好处，又和他们没有联系。总统、党派没有渠道对大法官施惠，或者施加压力。既然如此，在一个专业的氛围下，大法官们又凭什么要拿出自己生命的价值、职业的荣誉，去效忠总统、效忠党派？

总统的无奈是美国人值得庆幸的制度成功

在这样的情况下，专家对总统的建议是，尽可能找一个和自己有共同思想倾向的理想主义者。也就是说，尽量任命这样一个法官，在他追随理想和思考的时候，他的观念恰好和总统所属的政党理想是一致的。

也就是让总统所谓“寻找一个最大可能的机会”可是，又回到老问题，这名候选人太偏激的话，他不会被国会通过；候选人比较温和的话，你不知道他（她）什么时候又像女法官奥康纳那样，成为一个中间派。

200 多年来，联邦大法官都不是总统的人。这对于提名他的总统，当然是一件无可奈何的事情。但是，对于美国人来说，却是一件值得庆幸的制度成功的实例。

泰姬陵的保护给我们上了一课

刊发日期：2004 年 9 月 30 日
作者：艾　君

泰姬陵是世界 7 大奇迹之一，位于印度首都新德里东南部约 200 公里，融合印度、伊斯兰和波斯等建筑风格，优美壮观，是印度最负盛名的旅游胜地。泰姬陵始建于 17 世纪。今年是泰姬陵 350 岁生日，印度政府准备在 27 日举办一次庆祝活动会。

对一个世界名胜的生日进行庆祝，这并不罕见，引起我们关注的，是他们在纪念活动中对这座世界奇迹的细心呵护。据新华社报道，这次庆祝活动会并没有在泰姬陵里举行，而是安排在距泰姬陵两公里以外的阿格拉堡举行。为什么要舍近求远，是因为“一些历史学家担心庆祝活动会给泰姬陵白色大理石结构造成破坏”。

其实，对泰姬陵的保护不仅仅自今年始。1995 年，印度政府宣布了 10 条保护泰姬陵的计划，其中有一条竟然是在泰姬陵周围地区行驶的车辆要使用低铅汽油。

还有，在印度，要在这座世界文化遗产原址上举行活动需要得到印度最高法院的批准。1996 年，希腊音乐家雅尼经在此举办音乐会，专家们认为音乐会的声音震颤和光照破坏了泰姬陵的建筑。此后，在泰姬陵举办大型活动一般很难获得批准。

印度对泰姬陵的保护之细心让我们感叹。偶尔举行的音乐会的声音和光照究竟能对大理石结构的建筑造成多大的“破坏”，如果在我们这里，恐怕是容易被忽视的。别的不说，在北京，有多少各种各样的典礼、仪式、音乐会等等大型活动是在古建筑里进行的，没有人能统计出来，而且，这些古建筑大多都是木结构，如果说声音震颤和光照能对大理石的泰姬陵造成破坏的话，我们这些木质建筑受损的可能性将会更大。当年“世界三大男高音紫禁城广场音乐会”因为场地租金问题曾经引发了百万元的官司，但是，利益争执之外，似乎没有人对故宫是否受损进行评估。

在2002年全国“两会”上，政协委员弥松颐说：“很多明清帝王故事都在紫禁城内拍摄过，数年前还发生过梁木嵌钉事件。如今已经不允许拍摄内景了，但每当拍摄外景时，仍有上千人马齐集三大殿前广场，若干吨器材隆隆驶进紫禁城，这势必对古建筑及草木砖石造成破坏”。继而，他发出疑问：“紫禁城距今已有600余年，我们还能让它再保存600年吗？”他由此建议，“国家应明令禁止任何单位和个人利用紫禁城的任何地方拍摄影视片”。

印度专家关于保护泰姬陵的建议已经受到了高度重视，现在，泰姬陵即使是要举办“自己”的生日纪念，当地政府负责人还称“担心违反最高法院对于泰姬陵的规定”而把活动安排在几公里以外。可是，我们也见到、听到不少专家对文物保护的建议，结果呢？

常常是隆隆的推土机声掩盖了这些理性的声音。禁止在紫禁城的任何地方拍摄影视片的规定我们没有见到，钟鼓楼大街的拆迁也在正常进行。

在泰姬陵里举办活动要国家最高法院批准，也容易被看成是“小题大作”。但它至少体现出这样的原则：任何一个文物，都不能仅仅由其管理者来决定它的经营和保护，国家是文物的所有者，有必要委托第三方对管理者的保护和经营进行决定和监督，因为对利益最大化的追求往往使管理者产生“杀鸡取卵”的冲动。

一个家庭尚且对压箱底的传家宝百般呵护，一个国家同样应如此。一个国家，能有几件历史遗传下来的“宝贝”是幸福的，能够列入世界奇迹的更是凤毛麟角，不是每一个国家都有这样的幸运。泰姬陵的保护给我们上了生动一课，我们是否应该从中学到些什么呢？

竞猜俄人质死亡数让人战栗

刊发日期：2004年9月8日

作者：曹　林

阿多诺说：奥斯威辛之后，写诗是野蛮的。同样，一场灭绝人性、死伤惨重的灾难后，任何嫁接于其上的娱乐和商业也是野蛮的。

9月6日晚，某媒体在播放俄罗斯人质危机的新闻报道时，屏幕下滚动播出这样的信息：有奖竞猜——俄罗斯人质危机中一共有多少人丧生：答案A.××人；B.××人；C.××人……参加的方式是：××用户发送答案至××××，××用户发送答案至××××。

《新京报》9月7日报道，俄罗斯人质事件死亡人数仍在上升，目前俄官方的死亡数字为334人，目前仍有约200名学生下落不明，家长仍在焦虑地等候亲人的消息。当地弥漫着一片悲伤与愤慨之情，别斯兰全市都可以听到向死难亲人告别的哭泣声，工人在别斯兰的墓地挖出了一排排墓穴——在如此悲怆的气氛下，竟然拿灾难的死亡人数做充满娱乐色彩的有奖竞猜，而且某些商业机构还要从中挣钱。

这是一道带血的有奖竞猜题，它让我战栗，让我感到羞耻：异邦的灾难之上，同类的哀号之中，竟有人如此冷漠，如此野蛮。我想起了一个媒体常用的词：人性关怀。我想起了一个商人常唱的调：公共精神。可对于异邦灾难和死难者如此冷漠的行为，深刻暴露出某媒体和某些商人挂在嘴上的“人性关怀”和“公共精神”之矫情，榨出他们潜意识中委琐的“小”来。

我愿意相信，如果是在我们的国土上发生了如此灾难，我们的国民承受了如此灾难，这家媒体是不会搞这样的有奖竞猜的，这些商人是不敢借着灾难信息圈钱的——媒体会用悲怆的语调呼吁公众的关怀，在洒下同情的泪水时，高调地宏扬人道精神和博爱情怀；而在众目睽睽之下，商人也会慈善地伸出援助之手，“一方有难，八方支援”。可当灾难发生在异邦，潜意识中“事不关己”的局外人优势在借灾难信息娱乐和赚钱中表现得淋漓尽致。

一边悲悯于自己国土上那些困于洪水的灾民（重庆开县遭200年一遇的洪灾），一边以娱乐和商业的轻佻态度对待异邦灾难中的伤亡，如此的“狭爱”与真正的人性关怀和公共精神相隔甚远，甚至是一种亵渎。是的，人是有国界的，可灾难的伤害和疼痛的感受没有国界。真正的人文关怀和人道精神应该建立在这个基础上：无论发生在哪里的灾难，我们都要深切地诅咒造恶者，深切地哀悼死难者，都要在同情死难者家属的同时，尊重他们的情绪。拿灾难信息做娱乐性的有奖竞猜和赚钱，这是非常不人道的。

在我看来，别人看不到时所表现出的同情和人道，往往才是最真切最纯净的人道。

里根是哪所大学毕业的？

刊发日期：2004 年 6 月 12 日

作者：薛　涌

据报道，美国前总统里根的灵柩由加利福尼亚运抵首都华盛顿时，场面备极哀荣。二战后，没有哪一位总统有里根这样的历史影响力。然而，里根是哪所大学毕业的？

他毕业于美国中西部的一个小学院：EurekaCollege. 这个学校在哪里、什么等级，美国人也说不清。笔者查了一下网站，发现它还是有的。它的网页上满是悼念里根的东西，还有一个大“广告”，声称该校独树一帜的政策是学费统一，而且非常便宜，每个学生只付 13000 美元。这么点学费，透露出该校是个不入流的、为上不起好的私立学校也考不上有名的州立大学的穷学生开办的。

笔者今年开始任教的也是一个类似的学校，叫 Suffolk University，去年学费只有 18000 美元，但该校设在波士顿最贵的地区。该校宗旨就是为那些没有钱、不被上流社会接受的穷人提供法律教育。后来设立本科学院，使许多劳动阶层能够通过走读、夜校的方式念完大学。

笔者开始接到工作时，一直犹豫不决。后来，在教授的一再鼓励下才下定决心。现在才慢慢理解，人家办这样的小学院，非常认真，也很有质量。比如，笔者未来的同事全是哈佛、耶鲁之类的名校博士。决定雇我的系主任是美国史某个领域的权威。该校教授对学生极其负责，常常为了学业把电话打到学生家里；一堂课最多只有 20 几个人，师生交流非常密切。里根的那所学校，估计也是差不多的局面吧。

里根是个小镇上的穷孩子，为了上大学，他高中时当救生员。这样积攒下来的钱，上学当然不够用。他到学校的第一天就是直接找校长，要求得到资助。

校长看着这个生机勃勃的年轻人，觉得是个人才，就给了他一些奖学金，还有一个校内工作，让他至少能挣出自己的饭钱。就这样，一个不入流的小学院为打造一位总统，完成了第一道工序。

里根就读的大学揭示了大学教育“美国模式”的另一面，这就是美国有大量的面对普通百姓的大学。这些大学都能够保持相当高的质量，为社会培养大量优秀人才。这些学校的贡献，你只要比较一下英美的社会精英就能看明白。在英国，无论是在政治界还是企业界、学术界，精英几乎被牛津、剑桥垄断。但在美国，二三流的大学也是人才辈出，上流社会的很多人拿的还是不入流大学的文凭。

美国何以能如此？关键一点就是政府虽然大力支持教育，但这种支持主要是通过给学生提供奖学金完成的。结果，基层社会各显神通，建立了各个层级的大学，满足了社会各个角落的人的需要。最近，美国国会酝酿提案，改变政府对大学资助款的分配方式，要求减少对新英格兰地区几所精英大学的支持，把钱分散到中西部、南部的小学院去。它所依据的就是政府不出面抬举个别精英大学的精神。

教育的一大功能就是社会流动，使下层社会有靠自己的努力上升的机会。所以，大学不仅应往高处看，也要向低处走。

日本人质因何成为“国家罪人”

刊发日期：2004 年 4 月 25 日

作者：李文凯

对于在伊拉克历经九死一生的几名日本人质来说，虽然获释逃出生天回到国内，却浑然未料遭遇官方民间的齐声叱骂，“自私自利”、“国家罪人”等帽子扣将下来。这是令人心寒齿冷的一幕，噩梦醒来是黑夜。

虽然日本官员以及一边倒的舆论振振有词，以为政府既然已经多次警告“无关国民”不要前往兵荒马乱的伊拉克，那么这些自由职业者的选择以及后果，就只算得是咎由自取，结果反给国家添麻烦。只是不知，这如此斤斤计较的政府，究竟算是哪门子现代政府？所谓因此凸显出来的“国家利益至上”，又如何可以崇高？

反观欧美国家，解救失手，相关政府必须向公众道歉甚至引咎辞职的事例并不罕见；若是营救成功，公众焦点所聚只在获救的人质，因为他们遭遇危难、面对生死，经历了一番事实与内心的恐惧，是社会为某些公共危机必须付出的代价的具体承受者，理当得到关怀甚至感谢。

日本这些获释人质中，基本上都是自由撰稿人与非营利组织的成员，他们前往伊拉克，有的是充当志愿者向无家可归的孩子提供援助，有的抱着反战的诉求去记录战争的残酷。这些人道主义的情怀，固然是他们的个人追求，却也足以使之在被绑架而获释回国之后获得英雄般的对待。因此，美国国务卿鲍威尔声援他们说：“我对这些日本人为了实现更远大的美好目标甘愿冒险的自我牺牲精神感到非常钦佩。日本国民更应该为有这样的同胞而感到自豪。”

可见在国家与个人的关系上，东西方观念的差距依然巨大；日本也并未因为二战之后引入现代政治形态而掘尽国家主义的毒根——而这，正是历史上日本屡屡发动侵略战争的动员逻辑。

日本国民此番都“自觉”地拿着“个人必须服从国家”的逻辑来指责获释人质，已经足以令世界对这个国家的民间政治价值取向产生担忧，而小泉政府的官方表现，则更加令人愕然。在指斥获释人质方面，官方与民间声音一样高调，而且日本政府还明文告示那些执意要去危险地区的人，“一旦出事，当事人不要指望政府出面帮助他们甩掉麻烦。”这样的表态赤裸裸地违背政府对公民的义务——这种义务倘若不能体现于一次次对个体公民的具体帮助，那公民的权利就会直接沦为空泛笼统的伪概念，剩下来的也就只有政府说了算数的“国家利益”了。

第六章：人文经济

死难的矿工们和作为烈士的消防官兵一样，都是国家的儿女，都是普通劳动者。

如果在地球大家庭中，所有的存在都只是为了人类一个孩子，这是不公平的。人类再进步，科学再发展，大自然都不仅仅为我们人类而存在。

以真理为依归，不患得患失，不斤斤计较，不把眼前利益放在高于一切的位置，即使在横逆袭来之时，也不低下高贵的头颅。

这样的人，才称得上真正的知识分子。

港交所为何拒绝阿里巴巴上市“诱惑”

刊发日期：2013 年 9 月 30 日
作者：皮海洲

阿里巴巴赴港上市之路由于没有得到港交所开出的绿灯而宣告终止。9 月 25 日，有消息称，阿里集团与港交所谈判破裂，阿里巴巴将到美国上市。2013 年 9 月 26 日晚，阿里巴巴集团的联合创始人及阿里巴巴集团执行副主席蔡崇信发文表示：我们没有期望香港监管机构为了阿里巴巴一家公司做出改变。这也印证了阿里巴巴香港上市计划被否的事实。

阿里巴巴上市对于港交所来说是一个巨大的诱惑。按照投资银行的估价，阿里巴巴目前市值高达 1200 亿美元，是继 GOOGLE 和亚马逊之后全球市值排名第三的互联网公司。安永会计师事务所估算阿里巴巴的 IPO 筹资规模接近 1000 亿港元 (129 亿美元)。根据彭博统计，若以估算的 129 亿美元作对比，阿里巴巴的集资额将是除 FACEBOOK 以外全球最大的 IPO；同时也是除友邦保险 200 亿美元股票发行之外，香港最大笔的 IPO 交易。因此，如果阿里巴巴能顺利在香港上市，对香港疲软的新股市场来说无疑是一剂“强心针”。

但阿里巴巴对于港交所来说又是烫手山芋。因为阿里巴巴上市只能采取“合伙人”的形式，这是目前港交所的《上市规则》所不允许的。

阿里巴巴之所以主张“合伙人”方案，显然是由于以马云为代表的公司管理层不愿意公司控制权旁落的缘故。从目前阿里巴巴的股权结构来看，对马云及管理层非常不利，算上马云本人持有的阿里巴巴集团 7.4% 的股权，整个管理层的持股比例也只有 10.4%。而日本软银和美国雅虎各持有阿里巴巴集团 36.7% 和 24% 的股权，两家外资对应的投票权和董事席位显然足以控制整个公司。

“合伙人”方案主张“同股不同权”：企业由一批被称为“合伙人”的人对董事会的人选进行提名，而非按照持有股份的比例来分配董事提名权。合伙人只能提名董事，但不能直接任命，董事的任命仍需经过股东大会投票通过。但即使股东否决了提名的董事，合伙人仍然可以继续提名，直到董事会主要由合伙人提名的人选构成为止。这样的合伙人方案实际上是由少数管理层对公司实现掌控的方式。而其他投资者即便持有再多的股权，由于不能进入董事会，因此也无法参与公司的经营管理。

而目前港交所的《上市规则》坚持的是“同股同权”原则。因此，港交所最终放弃了阿里巴巴上市计划，同时也放弃了阿里巴巴上市对于香港市场的诱惑。港交所的决定是值得尊重的。因为这一决定是对广大投资者利益的保护，同时也是对香港市场政策法规权威性的一种维护，此举同时也维护了港交所的尊严，是港交所所作出的“最适合、最有利于香港的决定”。

不仅如此，港交所否决阿里巴巴上市计划，对于内地赴港上市企业也是一个警示：那就是赴港上市必须遵守香港市场的法律法规。虽然香港市场的法律法规可以根据发展变化的形势进行修改，但在没有作出修改之前，相关的法律法规必须得到遵守执行，任何人都没有“特权”。

自贸区的“自由”和“试验”需更多宽容

刊发日期：2013年9月30日
新京报社论

上海自贸区当然会继承改革开放的意志与使命，也同样会遭遇一切改革开放的新生事物必然要面对的种种艰难、险阻。

2012年9月29日，中国（上海）自由贸易试验区正式挂牌。波澜不惊之间，一段新的历史已经正式展开。

此前，2013年9月27日，国务院印发了《中国(上海)自由贸易试验区总体方案》。上海自贸区将要做些什么，很多人或许已经心下廓然。无论是以开放促改革，还是为了打造中国经济的升级版，中国都需要上海自贸区——一个符合国际化和法治化要求的跨境投资和贸易规则体系。上海自贸区将为未来中国改革提供经验、参考。

毫不讳言，上海自贸区对当下的政府职能、行政管理方式将形成挑战，而且，也将对现行的某些法律制度带来一定冲击。比如，方案表明，上海自贸区将探索建立负面清单管理模式。这就意味着，在上海自贸区，只要政府没有明确禁止的就可以去做。这显然有别于传统的政府许可模式，也就是凡是投资什么项目，都应该事先征得政府的同意。这实际上赋予了上海自贸区以极大的市场自由。

可以预见，上海自贸区将来会和世界上其他自贸区相似，享有各种自由市场和自由贸易的便利，以及政府部门提供的高效公共服务。

有人称，启动上海自贸区的历史价值，正如同上世纪80年代在深圳设立特区，上世纪90年代开发浦东。这是改革开放血脉在当下的传承。上海自贸区当然会继承改革开放的意志与使命，也同样会遭遇一切新生事物必然要面对的种种艰难、险阻。因此，上海自贸区的未来既取决于改革者的智慧和勇气，也同样取决于各方力量的支持与宽容。

自由贸易区国际上很常见，在中国还是新鲜事物。很多人或许还不习惯看到，一个行政区划单位的名称中嵌着“自由”。上海自贸区还没有成立，社会上就已经出现了一些风言风语，可以预见将来某些时候，可能还会面临更多的争议。

我们或许无法具体预知未来上海自贸区会遇到什么，但是，只需要准确理解“自由”和“试验”这两个关键词,很多问题或许就可以迎刃而解。

众所周知，改革开放的精神正是在于自由，对内解开束缚，给民众和市场以更多的自由，对外融入国际自由市场。正是因极大地解放了生产力，中国才有了今天的繁荣。上海自贸区既然肩负着进一步拓展市场自由边界的使命,那么,未来一段时间,它理应享有更多的“自由”,对此，各界不必大惊小怪。

话说回来,上海自贸区还是一个改革试验场。“试验场”的意思就是，这里允许大胆创新，也同样允许试错。如果，有些措施实行两三年之后，证明是好的，就可以全面推广;如果证明是错的，那么，停止施行就好了，其负面影响，也不会扩散。因此，上海自贸区的改革者应该去大胆试验，勇敢探索。

不管有的人戴着怎样的有色眼镜看待上海自贸区，对于一个新生事物以及改革的尝试，各方应该给予更多的支持与鼓励。希望，上海自贸区在砥砺中前行，有些时候，改革开放的难度越大说明前途越加光明。

从地震报道看日本传媒的操守

刊发日期：2011 年 3 月 14 日

作者：和静钧

毁灭性地震、毁灭性海啸、灾难性的核泄漏、数千次余震在不到数十小时之内，灾难重重叠叠袭向日本太平洋西岸的东北地带。在这危急时刻，人们见证了日本公共传媒的专业主义和人文情怀，正如《金融时报》中文网总编辑所言，日本公共传媒在国家重大危机时刻“成为超越一切的公共平台，维系了国民的精神和秩序”。

大量的证据能支持上述的判断：以一场 1200 年一遇的大地震和释放的破坏力相当于汶川地震 20 倍的灾难为背景，以它天然地触动着人们对末日来临的想象为基础，各传媒的实况主持人或现场记者作惊恐状，或作撕心裂肺状，或声音里充满了绝望哭腔，或无意中放大和传播恐惧，都是可以预料得到的普通人的反应。然而，从震后到现在，日本公共传媒却鲜有出现这些“普通人的反应”，在危机传播管理上表现出高度的专业主义。

以日本最大的公共传媒 NHK（日本广播协会）为例，主播们始终保持镇静的面容，给人的感觉就是非常坚强。画面上没有出现令人恐怖的死亡特写，没有灾民们呼天喊地的镜头，也没有第一线记者虚张声势的煽情式报道。一个在日本的中国留学生在经历了地震之后发出感想：（日本）电视台的新闻特别平静，我觉得无可挑剔，有信息量却不侵犯个人，有数据不煽情，有各种提示却不造成恐慌。

NHK 是日本影响力很大的新闻单位，作为侧重于公共属性的传媒，始终保持着“我的方式传播”的媒体第一价值，保持了独立和公信力，即便在大灾难来临时也不曾改变。

第二个价值就是做到“及时”、“实时”地快速播报最新消息，一经确认，则反复轮流播放。有一个镜头令人印象深刻，NHK 正开始播放对官方长官的采访实况，当获悉福岛县第一核电站第 1 号机有可能爆炸后，马上中断画面，转而反复播放核辐射时的生活指导及相关避难信息，每隔几分钟就提醒民众注意安全。包括共同社、时事社及其他媒体，都在及时地从各角度呵护着生者的安全和对逝者的尊重，显示了媒体的社会责任。

第三个价值就是力求信息全面。NHK 轮流使用日语、英语、汉语、韩语等五种语言，这就考虑到了受众中可能有非日语观众。日本各大媒体第一时间把辐射量 1015 微西韦特 / 小时的准确数据传播出来，并告知“这相当于普通人一年可以承受的辐射量”而不是轻描淡写地说，“影响不大”，塞给受众完全不知所云的消息。

公共传媒不同于其他大众传媒，不同于以盈利为逐利动力的纯商业媒体，它是一国和一国民及一国根本文化的坚守者，如约瑟夫·普利策所言，是社会生命的第一线瞭望者，对内就是“零距离”、“零时差”的沟通者，对外就是国家形象的公共外交大使。日本大灾，全球垂泪，这与日本公共传媒真实呈现了日本真面貌不无关系。一个国家可以有大灾，但不能有在大灾面前完全走样的公共媒体。

还原历史真相才是真诚的爱国主义

刊发日期：2010年11月28日
作者：吴祚来

《扬子晚报》11月26日报道，南京雨花台烈士纪念馆过去陈列的主题是“没有共产党就没有新中国”，经过新一轮改造，主题则改为“为中华民族之崛起”，“这次增加了四位国民党军官，在南京保卫战雨花台之役中牺牲，后来都被民政部追认为烈士。”有关人士表示，国共两党都参与了民族独立、解放，每个做出贡献的人都值得记住和感恩。

尊重历史应该是一个国家的价值追求，尊重历史，并不是永无止境地纠缠当时战争的是非，而是将历史画上一个句号，让生活重新开始，通过展示历史文物、还原真相，使当代人有深刻的反思，不再重复过去的灾难与愚昧。而对战争中为国捐躯的英烈，则表示永远的缅怀与纪念。战争之时无论他们属于哪个派别，只要他们守卫的是国土，打击的是侵略者，都应该在纪念碑上、博物馆里铭刻他们的名字，颂扬他们的事迹。

在抗战胜利60周年纪念中，国家主席胡锦涛充分肯定了国民党军队在抗日战场上所做出的伟大贡献：“以国民党军队为主体的正面战场，组织了一系列大仗，特别是全国抗战初期的淞沪、忻口、徐州、武汉等战役，给日军以沉重打击。”承认历史，承认国军在抗日主战场上的浴血抗战，这是还原历史，尊重历史，既是主持了历史正义，也使那些数以万计的国军英魂得到慰藉。

现在，有关国军正面战场的书籍也得以出版，譬如近期我读到的武汉出版社出版的《我的家在松花江上》，详尽地述写了抗日战争历史背景与源起，对许多历史场景与人物的描写，细致入微。大量的相关图书出版，都使我们一步步看到整个抗日战争正面战场的壮烈画卷，自“九一八”事件后，中国在正面战场发动了24次大会战，二次远征异国，8年战争关内战场消灭日本达40多万人，而我方正面战场伤亡军人达300多万，平民913万，总计超过1200万。这些详实的数据，再加上博物馆里应有的文物与事迹展示，那血与火的时代就会复活在我们面前。

南京雨花台烈士纪念馆新的布展，突出国家的立场，体现历史伦理的关怀，使我们看到人文精神的真正弘扬，也体现了策展人的良知与真诚的爱国情感。我们对历史，也要有敬畏之心，因为它不仅会影响我们当代人的道德精神，还会影响一代又一代中国人。

“地铁仅留一报”让城市文化蒙羞

刊发日期：2010 年 1 月 12 日
作者：展　江

有美国资深记者预言报纸将在 2043 年消亡，西方各国将它视为即将绝种的恐龙，每当有一种老牌报纸消失，总有大批读者为之唏嘘。因此，维护这种已经延续数百年的印刷时代最典型媒体的生存，就成为一项文化工程。

然而在中国的大都市，眼下似乎出现了互联网与报刊同步繁荣的一枝独秀景象，引得西方报刊界好不艳羡。看看北京街头那些琳琅满目的报亭，西方记者啧啧称奇。进入日新月异的北京各线地铁，那涌动的数百万人潮俨然是各家报纸垂涎的新对象——动众（移动中的受众）。

可是好景不长，在北京地铁以空前的速度大发展之际，市民在地铁站内再也买不到报刊了，根据北京有关部门下发的《轨道交通站内报刊发售问题会商会会议纪要》，除了《北京娱乐信报》外，任何单位和个人停止一切在轨道交通站内的报刊销售行为，公安机关严格依法取缔在轨道交通站内的报刊发售行为。

《北京娱乐信报》之所以“硕果仅存”，据说是因为该报是被有关部门批准的“北京唯一的地铁报”。一时间此举遭到北京市民反对，多家报社接到投诉电话，更遭到一些专家与网友的质疑。连《环球时报》英文版也开始关注此事，对笔者做了采访。尽管北京地铁公司和《北京娱乐信报》面对疑问表示“不知情”或否认该举措背后存有利益链条，但是看来批评之声不会止消。

这也难怪，实行市场经济这么多年了，报刊的发行和广告早已走入市场。如今却有人以非市场的手段和不具有说服力的理由来排斥《北京青年报》、《北京晚报》、《新京报》、《法制晚报》、《京华时报》以及《南方周末》等外地报纸，而保护一份读者群并不广泛的同类，这就像一家大超市忽然下架青岛、燕京、百威、喜力等所有名牌啤酒，只卖一种由管理部门特许经售的一般品牌的啤酒一样。

当然，将报刊这种马克思称之为“通过油墨向我们的心灵说话”的精神产品比喻为啤酒，难免有亵渎之嫌。是啊，用报纸制作的时装近年来屡屡登上T型台，成为一种独特的风景。而与之交相辉映的是现代地铁的绚丽空间，熙熙攘攘的人流在这个空间匆匆而过，领略着一种炫目，汲取着一种信息流。如果有一天报纸真的消失了，都市的某一侧面将黯然神伤。

正如有论者所言，公共场所传播公共文化是国际惯例，地铁站作为公共场所，理应是一个开放的、汇聚多元声音的文化传播空间，岂可只是某一家报纸的禁脔之地？（《新京报》2010年1月11日）不仅在国外，国内如广州、上海、南京等城市，地铁站也都普遍设立报刊亭，为什么单单北京对地铁报刊亭如临大敌？说地铁卖报威胁到安全不大靠谱吧？

说到底，如果真的是靠这种行政干预来制造市场垄断，其经济效益也是微不足道的。人们担心的是，北京这个文化底蕴深厚的百报之城在地铁里却看似一报独撑，这将成为城市文化的耻辱。在一个崛起中的国际大都市，通往春天的地铁仅售一报，这岂不大煞风景？

像马寅初先生那样说真话

刊发日期：2007年7月7日

作者：傅国涌

蓦然回首，马寅初先生的《新人口论》发表已经整整50年了。前些日子读一本当年北京大学学生张元勋的回忆录，其中提到，一批怀抱理想主义的北大学子要创办一份自己的刊物《广场》，身为校长的马寅初慷慨表示要资助他们500元，放在半个世纪前，这无疑是一笔巨款，一个北大学生那时一个月的伙食费不过12元5角。据说这笔钱是他一篇关于节育人口的论文的稿费。虽然最后资助未成，却曾激动和温暖过学生的内心，令他们半个世纪后仍念念不忘。

我不知道那篇论文是不是就是名留青史的《新人口论》，马寅初曾为此蒙尘20年，也为此赢得了超越时代的荣誉。50年后，当世人再次把目光投射到《新人口论》和马寅初身上时，我们不能不感慨历史的公平，这也许是对一个说真话的知识分子最大的安慰，也是对后世知识分子最好的启示。

知识分子不应该只是某个领域的专家，在自己的专业方面保持创造的活力，而且要承担社会责任，关怀民生，服务社会，在任何时候都能坚持说真话，做到以真理为依归，不患得患失，不斤斤计较，不把眼前利益放在高于一切的位置，即使在横逆袭来之时，也不低下高贵的头颅。这样的人，才称得上真正的知识分子。这是爱因斯坦、罗素他们的选择，也是鲁迅、马寅初和顾准他们的选择。

今天，马寅初之所以受到普遍的敬意，首先并非因为他是有成就的经济学家，也不是因为他担任过北大校长，而是因为他身上体现出来的知识分子品格，那种浩然独立的人格力量。

50年前，他明知自己的观点不合时宜，会给自己带来不可预测的风险，依然义无返顾地说出真话，甚至在遭到批斗、围攻之时，在强大的压力面前，他依旧毫不屈服，显示出一个知识分子的凛然风骨。

现任北大校长许智宏在纪念座谈会上称之为“永恒的北大之光”，高度赞誉：“马寅初先生的风骨不仅传承了北大精神，而且发展了北大精神。”北大精神到底是什么？也许不同的人会有不同的表述，早在1927年马寅初曾以“牺牲主义”来概括北大精神，就是不顾一己私利，勇敢直前，服务于国家社会。

他一辈子践行了这样的北大精神，1940年，他在给陆军大学将官班演讲抗战财政问题时说：“抗日战争是中华民族存亡的严重关头，全国上下应该有钱出钱、有力出力、同心同德、共赴国难。但是现在不是这样，现在是‘下等人’出力，‘中等人’出钱，‘上等人’则既不出钱，又不出力，囤积居奇，发国难财。还有一种‘上上等人’依靠权势，利用国家经济机密从事外汇投机，大发超级国难财。”并指名道姓地说出“这种猪狗不如的‘上上等人’就是孔祥熙和宋子文之流……必须把孔祥熙、宋子文撤职，把他们不义的家财拿出来充作抗战经费。”他的言论如此锋芒毕露，如此毫不留情，当然大大地得罪了权贵豪门，因此一度被软禁在偏僻的贵州息烽，他也因此获得巨大的社会声望，成为社会良知的化身。

即便是在他期待和向往的新时代到来以后，他也没有放弃独立思考，放弃说真话，《新人口论》就是一个很好的证明。对知识分子而言，老实说，说真话算不上一个高调的要求，只是一条立身处世学问的底线而已。但不说真话一定是可耻的。一切荣耀归于说真话的人，以时间作证，那些由虚伪、贪婪、懦弱和犬儒编织起来的精美花环注定了只是泡沫，50年后马寅初受到的普遍尊敬只不过再次证明了这一点。

生命的价值不因做了坏事而贬损

刊发日期：2007 年 2 月 2 日

作者：邓子滨

一青年偷价值数十元的钢管扣件被追跳入池塘。当时现场有数百人围观，唯一出口被围观群众占住，小偷不敢游上岸，怕遭暴打。小偷沉下去溺死了，围观者还在讨论，这池塘有多大，有没有 200 平方米？（2007 年 1 月 31 日《东南快报》）

古往今来，见义勇为都应受褒扬。但是，如果我们只是笼而统之地提倡，而不向公众作详细的解说，那就是对公众不负责任，因为在他们“追”死坏人的时候，会突然面对不曾预想的法律后果。

其实，“见义勇为”四字，字字都不简单，连缀起来，更是一件复杂的事情。首先，什么是“见”？我们看到的事态，不一定就是它真正的样子；而我们在听到“站住”、“抓坏人”的喊声跟上去的时候，别忘了大师马三立的相声，大家围追堵截的可能是一个“调完级了，不请客”的家伙。

其次，何谓“义”？虽说仁义公道自在人心，但在现代社会，“不义”往往指违法、犯罪，多数情况下虽可一望而知，但确有我们不好判断的时候。生活中真有帮坏人打“便衣”的情况，也真有女贼利用热心人金蝉脱壳的事例。

再次，什么叫“勇”？勇不意味着草莽和扩大事端，更不意味着无谓的牺牲。要讲究力量对比，要考虑双方互动造成的手段失控。而这一切都不是猝然之间可以清晰判断的。许多的小贼被追“急”逃跑变成了逃命了，以致铤而走险，伤人害己。

最后，怎样去“为”？对于正当防卫或者抓捕现行犯，法律给了较宽的尺度，但决不是全面豁免。防卫过当，故意杀伤，都有可能踏入刑法的领域。至于这个“为”的底线，法庭上都争得面红耳赤，法学教授也智者见智，普通公众更难把握行为的适当限度。

请别误解，我不是反对见义勇为，只是希望人们在见义勇为时知道行为的法律意义。

围堵小偷是见义勇为，但把他围在池塘里活活淹死而不施救，就可以说是群体冷漠下的“谋杀”。

不妨这样设想：那些围观的、客观上促成小偷死亡的人，晚饭后是否情愿向家人承认自己当时的无动于衷？躺在床上睡不着觉，是否会有某种愧疚涌上心头？我敢肯定地说，他们事后的感觉或者理性的声音会告诉他们，眼睁睁看着别人绝望地死去，是残忍的、不人道的。一个人生命的价值，不因其做了坏事而有所贬损。

从法律上说，那些将小偷追到池塘里的人，对小偷有救助的义务，违背这种义务，构成一种“不作为”形式的杀人。由于自己的先行行为导致他人身处危难，能够施救而不施救，最终导致他人死亡的，就是这样一种杀人行为，而不论其先行行为是否高尚，也不论身陷危难者自己是否也有过错。那只是责任分担问题，不影响行为性质。

我们再做一个设想，假如让所有的围观者进行一次表决，以决定小偷的生死，那会是个什么结果？我相信，只要打破沉默，只要有人带头喊出理性的声音，就会唤醒很多人的理性。表决的结果一定是“先让小偷上岸，然后再依法惩处他”，否则就意味着我们在用一种大恶对付一种小恶。

我之所以对表决结果很乐观，还因为在表决之前多半会给小偷一个陈述的机会。现在没机会了，他死了。

同情，不是给予孩子、爱人和朋友的，那不是同情，只能算作本能，哺乳动物都有这种本能；只有对我们所不喜欢的人，甚至对不再为害的敌人，仍能寄予同情，才能算作真正的同情。饱有同情的民族，才是真正伟大的民族。

“敬畏自然”不是反科学

刊发日期：2005 年 1 月 11 日

作者：汪永晨

正当我们为印度洋大海啸夺走了数万人的生命而惋惜、而奉献、而反思的时候，今年第一期的《环球》杂志竟然刊发了这样一篇文章《人类无须敬畏大自然》。在这篇文章中，著名科学家何祚庥说：“我要严厉批评一个口号，即所谓‘人要敬畏大自然’”。

这篇文章说，从历史来讲，在人类发展的早期，人类对自然的抵御能力很有限，所以一些进步思想家强调人定胜天。而就我所知，我们人类的早期恰恰是敬畏大自然的。这在我们传说中有很多记载。像二郎神就是守护神，现在去九寨沟的路上有川主寺来敬奉。只是到了我们人类制造了工具，有了一些发明之后，才不知天高地厚地提出了人定胜天、改造自然。

而自从有了这个口号后，我们吃的苦头还少吗？

在处理人和自然的关系时，文中旗帜鲜明地说：应该以人为本。他表示绝不反对保护环境和保护生态，但需要弄清楚一个观念，保护环境和生态的目的是为了人。有些时候我们需要“破坏”一下环境、生态，改变一下环境和生态，但也是为了人。

在这里，我也要旗帜鲜明地与这一观点唱唱反调。

人类本是自然界的一员，大自然存在多久了，而我们人类才生活在这个地球上多少年，为什么一有了我们人类，就要以我们人类为本？民盟中央副主席张梅颖在看了德国一个小学生的环保记事后很感慨地说：那种不认自然为母，反以自然为器，乃至要征服自然的反自然观念，助长了环境灾害中日益严重的人类行为致灾。对于天灾实为人祸的警觉，40 多年前已引起西方社会公众和政府的广泛关注。1962 年，一本《寂静的春天》唤起了多少民众的环保意识和政府的高度响应。十多年前，110 位诺贝尔奖获得者曾共同呼吁：“人与自然正处于迎头相撞的险境，人类的活动为环境的资源带来无可逆转的伤害——人类必须彻底改变管理地球与生命的方式，才能逃过未来的苦难。”

要按照何先生的话，大自然中的一切都是要为人类服务了。树我们可以砍，动物我们可以杀，江河我们可以想怎么截断就怎么截断。不知道何先生知道不知道还有生物链，今天一个物种的灭绝对明天来说意味着什么？

文章中说，现在中国电力短缺，需要开发水能，需要修水库，这就不可避免要破坏一些环境和生态。这里有一个权衡得失的问题，如果过分强调保护环境和生态，那么水库就不能建设。何先生认为，遇到这样的情形，权衡轻重得失的标准就应该是以人为本。

我们姑且不说修水库的愿望是为了防洪，为了发电，我们只说三门峡水库修了近半个世纪了，发电量和预期的设想差距有多大，就是这40多年来它给渭河流域带来了多少灾难。1992年8月渭河洛河洪水入黄河不畅，漫堤决口，淹没了农田60多万亩，5万返库移民受灾，3万人无家可归。修这样的水库是以人为本吗？

我并不想承认大自然会报复，大自然不会心胸那么狭窄，它容忍了很多我们人类因无知而犯的错误。但是如果把自然比喻成我们人类的躯体的话，它当然会生病。

如果承认它也是一个家庭的话，它不只有人类一个孩子，在这个家庭中还有其他成员。

如果在这个大家庭中，所有的存在都只是为了人类一个孩子，这是不公平的。人类再进步，科学再发展，大自然也不仅仅为我们人类而存在。

我希望人类面对正在刚刚发生的大灾难时，真要好好辨一辨，人类需要不需要敬畏自然。从这个意义上讲，该感谢何祚庥院士为我们发起了这场论战。

谁为遇难矿工开一个追悼会

刊发日期：2003 年 11 月 18 日
作者：张金岭

湖南衡阳“11·3”特大火灾坍塌事故，夺去了 20 名消防官兵宝贵的生命。11 月 9 日，湖南省委、省政府和公安部在衡阳市为遇难官兵举行了隆重的追悼会，中共中央政治局委员周永康出席追悼会并讲了话。此外，11 月 13 日上午，衡阳市各界干部群众 1 万多人隆重集会，深切悼念英勇牺牲的 20 名烈士。

衡阳大火之后不久，江西省丰城矿务局建新煤矿 14 日发生瓦斯爆炸，最终确认 49 个矿工遇难。近些年来，矿难的发生每年都有，而且不少。所以这次矿难，尽管 49 个人死于黑暗的地下，更多的家庭在人世的角落里饮泣，因为不可能像衡阳大火那样具有轰动效应。处理起来，也是一如既往。

能不能给遇难矿工也开追悼会，以告慰死难矿工，也给死难矿工亲人以抚慰呢？

也许有人说没必要，或者说遇难矿工们和遇难的消防官兵们不能相提并论。的确如此，死难的消防官兵都是烈士，而死难矿工们则不可能成为烈士。因此，矿工不可能像消防官兵们一样，名字端庄地印在报纸上，在电视广播里一遍遍地被诵读。死难矿工们，化成一个冰冷的数字：49。

不管是消防官兵还是矿工，他们的死，是各自职业的偶发性后果，都是为工作而死的。也许在某一个特殊的时段里，某一种职业会显得特别重要，但就一个社会总体的结构来说，每一种职业都是这个结构链条的一部分。

死难的矿工们和作为烈士的消防官兵一样，都是国家的儿女，都是普通劳动者。那些曾经战斗在抗 SARS 一线的医务人员，同样面临着生命危险，但他们中的很多人都说，这就是我的工作，没想那么多。死难的矿工们虽然不是烈士，但从这个角度而论，矿工们的死，和消防官兵的死具有相同的意义和价值。

死难矿工们和作为烈士的消防官兵一样，都是这个国家的公民，尽管矿工们不是烈士，但他们的生命同样是宝贵的；这些宝贵生命的消逝，同样是让人悲伤，也让人痛惜的。作为我们国家的建设者，在他们失去宝贵生命的时候，为他们开一个追悼会，哪怕仅仅是一个简单的仪式，哪怕仅仅是念一念他们的名字，表达一下生者的哀伤，也是对他们生命的极大尊重，更是对他们亲属一种很好的安慰方式。

为衡阳“11・3”特大火灾坍塌事故中死亡的官兵开追悼会的，是湖南省委、省政府和公安部。但是，死难矿工的追悼会由谁来开呢？也许可以由煤矿的管理部门来开，也许可以由工会来开；不管由谁来开，最好能开一个先例，以昭示对生命的尊重，使每一个人都能感受到作为一个公民的自豪。

新京报
品质源于责任
新京报十周年丛书

第七章：年度社论

时光流逝，欢喜哀愁，十年弹指一挥间。

春播，夏种，秋收，冬藏。这章是《新京报》2003~2013 年的十年社论荟萃。没有什么力量能够留得住时间。没有什么力量能够止得住《新京报》这辆呼啸而来的列车，这 3650 个日夜像一个世纪那样漫长，像一个人的一生那样充满波折。

“菩萨畏因，凡夫畏果”我们每天都在改造这因，自然也会收获那果。生活没有幸福到一切都唾手可得，也没有绝望到人人都束手无策。每一位公民的命运就是时代的命运。幸福才是硬道理。对于幸福，每个人都有自己的感受。我们在幸福大街为你祝福，祝你在未来的每一年里能够获得幸福、感受快乐——以人类亘古未移的伦理情谊，以我们共同期许的美好时代之名义。

责任感使我们出类拔萃

《新京报》发刊词

刊发日期：2003 年 11 月 11 日

北京这些日子风风雨雨，天空没有想象中那么澄澈。但是，天安门依然巍峨耸立，长安街依然车水马龙，香山的红叶还是如期而至，潭柘寺的钟声还是照样悠扬。时间伟大得无法遏止，该来的总归要来。《新京报》一声嘹亮的啼哭，划破千年古都的沉静。历史开始了。

155 年前，卡尔·马克思创办了《新莱茵报》。152 年前，亨利·雷蒙创办了《纽约时报》。85 年前，邵飘萍创办了《京报》。54 年前，《光明日报》和《南方日报》诞生在新中国的拂晓和黎明。4 个月前，光明和南方一见钟情。3 个月前，光明和南方共偕连理。今天，2003 年 11 月 11 日，冰雪消融，多云转晴，《新京报》在中国首都北京横空出世。

《新京报》是全国第一家得到国家新闻出版署批准、具有合法地位和受法律保护的媒体集团跨地区经营管理的报纸。作为一个试点，《新京报》是中国新闻出版和文化体制改革取得的重要成果，是光明报人的新选择、南方报人的新起点、中国报人的新理想。《新京报》一小步，中国报业一大步。

由于历史上进步报人邵飘萍创办的《京报》曾经烛照过一个时代，我们这张《新京报》的创刊，被外界广泛解读为一次伟大的复刊行动。这实在是一个善意的、富有创造性的误解。我们不敢掠人之美。但是我们也不能数典忘祖。作为有理想的当代中国报人，不能只向国外报业巅峰仰望，更要向本国史上难能可贵的报业传统致敬。知识分子的良心，从来就是奠定报业大厦的基石；知识分子的风骨，从来就是支撑报业大厦的脊梁。历史上的《京报》如此，《新京报》也理应如此。对国家和人民利益的看护，对理性的呼唤，对权力的制衡，对本真的逼近，对美好的追求，对公义的捍卫，对丑恶的鞭挞——这是媒体的普世价值和终极价值，也是中国执政党共产党所倡导的价值，那就是“权为民所用，情为民所系，利为民所谋”。

有责任感的政治家都明白这样一个道理：报业乃是社会生态链条中不能薄弱、不可或缺的一环。社会生态链条中如果缺了报业这一环，就好像林子中没有了鸟唱，田野上没有了蛙鸣，屋子里没有了猫叫；一个地区报业兴旺发达与否，乃是判断这个地区社会生活质量的一项重要指标，有责任感的政治家总是善于从中领悟效忠国家、造福社会、服务人民的道理。

责任感总使一些人出类拔萃！《新京报》至高无上的责任就是忠诚看护党、国家和人民的最高利益。《新京报》的口号是:“负责报道一切”。《新京报》致力于对报道的新闻负责，一切新闻和一切责任。有责任报道一切新闻，追求新闻的终极价值和普世价值；更有责任对报道的新闻负一切责任，包括政治责任、经济责任、文化责任和社会责任。《新京报》遵守国家政治制度和法律法规，尊重社区道德风尚和审美情趣；在体制内行使媒体的权力，开展建设性的舆论监督；认同意识形态产品属性，奉行社会效益优先原则；树立理性新闻观念，探索客观报道模式，努力重组事件、再现事实、还原真相；宣传有正负之分，新闻有真假之辨；有不可以报道的真新闻，但不可以报道假新闻；遵守新闻道德，尊重新闻规律，追求新闻价值，讲究新闻方法。

《新京报》标徽为“圆形长城烽火台”。圆形，象征地球和眼球，象征观察世界，象征全球视野和国际眼光。长城，象征中国和北京，象征守土有责的媒体责任意识，象征对国家和人民的发展、富足和安宁负责，象征媒体要讲政治意识、大局意识和责任意识；烽火台，中国最古老的媒体和传播方式，中国传统特色中效率最高的传播方式，象征媒体终极价值和基本元素，象征媒体要发挥预警和监督的战斗性。凤凰形火炬，火炬象征光明，寓意光明日报报业集团；凤凰作为南中国的神鸟，寓意南方日报报业集团；火炬和凤凰所传达的指引、探路、尝试、先锋、新生等内涵，寓意《新京报》就像不断扩大光明范围的探照灯，成为照亮时间和空间的良心。

《新京报》标准字是天安门城墙色底方正大标宋字体加粗反白。《新京报》符号总是跟天安门城墙颜色出现在一起，时刻提醒《新京报》人和国内外读者：《新京报》有浓厚的北京特色和中国特色；方正大标宋字体，表达与国际接轨和借助科技进步的愿望；加粗反白，突出镂刻效果，增强视觉冲击，象征《新京报》要成为一块传世招牌。

《新京报》将积极参与全球报业竞争，融入国际主流社会，接轨世界资本通道，创报业最现代化的经管体制，建国家最职业化的报业团队，办北京地区最国际化的严肃报纸；坚持三贴近原则，贴近北京群众，贴近北京实际，贴近北京生活；扎根北京，报道北京，服务北京，越是北京的，就越是中国的，也越是世界的，北京化就是国际化，北京特色就是国际特色；咬定高端市场，吸引中端市场，团结低端市场，成为北京政治界、经济界、文化界和主流社会的首选和必读的报纸。

当今世界，每一座伟大的城市都和一张能够代表这个城市形象的伟大的报纸联系在一起。报纸是城市的形象、门面和口碑。报纸办得不好，城市的形象就受损，城市的门面就难看，城市的口碑就不好。报纸更是城市的心灵，报纸办得难看，城市就美中不足。一座城市的报纸办得好不好，直接影响城市的投资环境和国际竞争力。从吸引外资的角度，为了国民经济的发展，为了增强城市的国际竞争力，《新京报》一定要好好办，要办好。

《新京报》是一张高起点的日报。光明日报报业集团和南方日报报业集团强强联合，互利互补，资源共享，《新京报》的优势不言而喻，势头可想而知。两大党报集团精心栽下的不是一棵小苗，而是高耸入云的参天大树！由于营养充足、准备充分，《新京报》将成为一张完全可以省略成长经过的报纸，正像那句宣传口号说的那样，"《新京报》一出生就风华正茂"。

没有什么力量能够留得住时间。没有什么力量能够止得住《新京报》这辆呼啸而来的列车。经过一代又一代政治家报人的努力，《新京报》必将成为新世纪新北京有责任感和影响力的报纸，一张与大国首都地位相称的报纸，一张承载中国报人光荣与梦想的报纸。

永远坚守人的价值

2004 年元旦献词

这是新年的头一天。这一天和往日没什么不同。阳光依旧和煦温暖，人们依旧为生活而忙碌。

唯一不同的是我们的心情。我们为刚刚逝去的一年而感怀，为新开始的一年而憧憬。这种感怀和憧憬，源于我们内心对一种价值观的发现和坚守：人的价值高于一切。

在 2003 年，见物不见人的以 GDP 为中心的发展观被批判；对人的生命健康不负责任的官员被免职；当和人民健康发生矛盾时，黄金周被取消；侵犯公民权利的“超期羁押”被清算；恶法收容制度被废止；抗洪不再提“严防死守”；登记结婚只需公民个人“公开声明”；犯罪嫌疑人头部和手铐套上了一层布罩；政府承诺为无力打官司的贫弱者“埋单”；机动车“撞了不能白撞”……

在 2004 年，“合法私有财产不受侵犯”、“国家尊重与保障人权”可能写入《宪法》；GDP 统计不再忽略外来人员；《行政许可法》实施，政府公权力被限制，而公民私权利将得到张扬；《居民身份证法》生效，没有携带身份证的外来人员不再被视为“三无人员”；《城市房屋拆迁估价指导意见》明确，对居民的最大财产——房屋的价值评估不再由政府指定……

我们之所以罗列这些似乎琐碎的细节，是因为它们都指向了一个重大主题：人的生命高于一切，人的财产高于一切，人的尊严高于一切。诚如捷克前总统哈维尔所说：“事实上存在着一种高于国家的价值，这种价值就是人。”

寻找并坚守这种价值观，并没有那么容易。梁漱溟先生说：“中国文化之最大偏失，就在个人永不被发现这一点上。”这种偏失不会在一夜之间消弭。在追求人的权利和尊严过程中，2003 年的中国付出了沉重的代价。孙志刚、翁彪、李思怡……他们离去的背影写着太多的感慨。

幸运的是，我们已经找到这种价值观，而且这种价值观已经堂堂正正地写进执政党的纲领性文件："坚持以人为本……促进经济社会和人的全面发展。"

我们必须坚守并捍卫这种价值观。唯有坚守和捍卫这种价值观，才能实现每一个人的复兴，才能实现整个民族的复兴。恰如马丁·路德·金所言："一个国家的前途不取决于它的国库之殷实，不取决于它的城堡之坚固，也不取决于公共设施之华丽，而在于公民本身。"

试想，一个追求现代化的地区，如果不能给人民带来福祉，比如王怀忠大兴土木时期的阜阳，人民背着20亿的经济包袱，那么，这种现代化有何意义？一个经济发达的都市，乞讨和流浪人员被赶得东躲西藏，那么，这种发达是不是一种畸形？一个追求文明的国度，1.2亿名乙肝病毒携带者受到歧视，这种文明是不是要失色？

人，应是衡量一切绩效的标准。一个国家和政府之所以存在，是为了保护公民的生命和财产安全，而不是相反。一切政府所追求的理想不仅应该"由于人"，而且应该"为了人"。

于无声处听惊雷。在平凡的2003年，我们清晰地聆听到渐进中的中国稳重而坚实的足音。这种步伐之所以稳重和坚实，是因为发现并坚守了人的价值。

这是新年的头一天。这一天和往日没什么不同。生活还要继续奔波，梦想还要继续下去。

唯一不同的是我们为你献上最诚挚的祝福。祝福你，天天向上。也祝福祖国，天天向上。

责任感激励我们不断前行

2005 年元旦献词

一年多前，《新京报》创刊。从那时起，我们就把“负责”二字写在肩上，并承诺对报道的新闻负责——有责任报道一切新闻；更有责任对报道的新闻负一切责任。

一年多来，我们被这种责任感所激励，始终未敢懈怠，日日如履薄冰。在跨进新年门槛的时刻，我们用“责任”来审视一年的路程，检验对读者的郑重承诺，别有一番意义。

我们和所有媒体一起，有幸记录着中国的点滴进步。人权入宪，私产保护，以人为本，和谐社会……这些新观念的提出对中国有着划时代的意义。《新京报》捕捉了这些制度变革的趋势，在解读它们的同时，也用这样的理念贯穿报道的始终。

我们曾被真善美所打动。从嫉恶如仇的公安局长任长霞，到国际数学界的泰斗陈省身，到被学生深情称作“妈妈”的普通教师吴玲……

我们为假恶丑所愤怒。湖南嘉禾非法拆迁、沈阳宝马车撞人、海宁吕海翔非正常死亡等，我们努力探寻事实真相，表达对理性的呼唤、对本真的逼近、对权力的制衡、对公义的捍卫。

我们关注弱势群体的命运。从农民工权益保护、农业税调查、“设立禁乞区”讨论，到开展“寻找京城失学农民工子女”公益活动，我们力图把他们的生存状态拉进公众的视野。

用媒体责任来自我审视，我们倍感压力。我们说“责任感让我们出类拔萃”，其实是在说，做到“出类拔萃”，必须时刻不忘责任。放弃了责任，势必平庸低俗，碌碌无为。

在转型期，社会生活日趋多样、多元和多变，不同社会利益关系也更趋复杂，各种深层次矛盾开始显现，协调各方利益难度加大。人们思想活动的独立性、选择性、多变性明显增强。在这样的情况下，媒体也面临着多重选择和诱惑，媒体的责任感随时面临着考验。

媒体的责任感，表现在以效忠国家、造福社会、服务人民为最高理想；表现在传播政府施政方略、传递民众意愿，搭建政府和公众之间良性的交流平台；表现在追求社会正义、彰显社会公平、弘扬人文观念、倡导健康生活方式，从而取得公众认可和市场接纳；表现在理性、客观地判断和报道新闻事件，不人云亦云，不随波逐流；表现在以追求社会效益最大化为标准，遵守新闻道德，尊重新闻规律，追求新闻价值，杜绝有偿新闻、虚假报道、不良广告和低俗之风。

负责任地报道所能报道的一切，对所报道的一切负责，这是怀有理想的新京报人的信念。回望一年，我们有骄傲，也有心虚，有扬眉吐气，也有许多困惑。但是，正是有了责任感，我们前行不辍。

今天是新年。我们向所有人致以新年的诚挚祝福，并期待您继续关注的目光。

用点滴努力达成社会和谐愿景

2006 年元旦献词

只有和谐之风吹拂的地方，才能让人真正感受到它的温暖。刚刚走过的 2005 年，也许会因为“和谐社会”这四个字，而载入史册。这一年，被海内外诸多人士称为“和谐社会建设元年”。

“民主政治、公平正义、诚信友爱、充满活力、安定有序、人与自然和谐相处”，正成为今后中国发展的基调。就在最近，中央明确提出，坚持发展为了人民，发展依靠人民，发展成果由人民共享，切实解决人民群众最关心、最直接、最现实的利益问题。这些，都是对“和谐社会”丰富内涵的最好注解。

在此目标下，国家规划中明确写明着重把发展目标从 GDP 增长转移到民生福利上来。仅农村而言，从新年起，农业税将在全国范围内取消；到 2007 年全免农村义务教育学杂费；政府将投巨资加强农村道路、饮水、电网、通信等基础设施建设，增加农村教育、文化、卫生等社会事业投入。

在此目标下，在刚刚过去的一年，我们看到了调整个人所得税的听证会，最后的结果也体现了对民意的尊重；看到了涌动神州的《物权法》草案大讨论；看到了以规范行政权力为宗旨的《行政强制法（草案）》，被正式提请国家立法机关审议，它要最大限度地规范行政权力，以实现“善良与公正的艺术”的目标；看到了正在审议的几部法律草案，正在向弱者的权利倾斜，比如对于不签书面合同，将被视为无期限（永久）合同；对于恶意欠薪者，有可能增加刑事处罚条款。

在此目标下，人们更加观照我们的生态环境。圆明园、松花江、广东北江等环保事件，让我们再一次深刻领悟“人类与自然相依相存”的深意。而对环境的维护，无疑也让“和谐社会”增添了几多分量。

中国的改革与发展处于关键时期，改革在广度上已涉及经济、政治、文化等所有领域，在深度上已触及人们具体的经济利益，发展方面已由单纯追求 GDP 上升到追求人文 GDP、环保 GDP，实现人口、资源、环境统筹协调发展。目前中国既处于黄金发展期，又处于矛盾凸显期，如果处理得好，能够顺利发展，经济能够再次跃升，处理不好，经济将停滞不前或倒退。为了避免可能出现的经济社会问题，应重构社会结构，完善社会组织，调整社会关系，激发社会各阶层、各群体、各组织的创造活力，化解各类矛盾和问题，积极促进社会和谐。

可以确证的消息是，户籍管理制度改革意见正在制定之中，大中城市户口迁移限制将逐步放宽。和谐社会，应该是你中有我、我中有你、相依相存相惜的社会；和谐社会，从根本上讲，就是要从类似的制度中求解，从公众参与公共决策中，寻找路径和保证。

在“人心政治”的调色板上，一些人和事，因为具体而“感动中国”：洪战辉，独自带着捡来的妹妹上学；一位退休医生，义务当社区医疗顾问，在她照料下，体弱多病的邻居孩子，居然从小到大没上过一天医院；一位刚刚去世的律师，从来不忍心辞退员工，总说“再给他一次机会”……不要以为这些都是“小事”，但正是这些如水滴般纯净的“小事”，让世界感受到和谐乐曲的穿透力量。

又是新年。我们照例要送上深深的祝福。为国家，为民族，为每一个人。这是一个变化着的时代，该去的总归要去，该来的势不可挡。机遇和挑战同时在肩，通往和谐的道路不会自然铺就。每个人都是和谐社会建设的一分子，只有每个人都敢于付出，都敢于担当，和谐社会的愿景才会早日达成。

我们走在雪地上，走在时间里

2007 年元旦献词

今天，2007 年的第一天。

去岁的雪花还没有全部融化，春天已经悄然开始了她的行程；太平洋底的电缆尚未修复，而我们与世界依旧互联。

时间站在我们一边，站在所有创造者一边；时间连接着我们的家乡与世界，也连接着我们的旧年与新年。

元旦，一个小小的里程碑。就在今天，一共有 403 件法规及规范性文件开始实施。其中，法律 5 件、国务院行政法规 2 件、司法解释 1 件、部门规章及规范性文件 158 件，地方性法规、地方政府规章及文件 237 件。

而“开放”、“人权”、“规范”成为新法规的关键字眼。

无论如何，这是一个伟大的时代。我们生活在这样一个大时代，栖息于自己生命中的一段时间里。如果说中国是我们地理、心理和文化上的故乡，那么，这个时代就是我们时间上的故土；如果说我们精神的疆土就是国家的疆土，那么，我们生命所创造的价值就是时代的价值。在此意义上，不管我们正见证着怎样的繁华与荣耀，经历过怎样的忧惧与坎坷，我们所处的这个时代都是我们一生珍贵的机遇。我们手握的时间与生命，正如我们所拥有的智力与权利，它们是我们每个人一生的资本。

生命的交错，使我们这些生活在同一时代的人，有着相同的悲喜与从容，肩负着共同的命运与前程。我们是一个命运共同体，也是一个创造共同体。唯有创造，才有了今日硕果累累的人类文明；唯有创造，才有了中国近 30 年来所取得的成绩。你可以创造，我也可以创造，大家都来创造，创造见证我们的人生，创造见证我们国家的征程，也见证着我们民族的努力。每个人都应该成为自己生命与生活的主人，做自己想做的事，爱自己想爱的人，甘于辛勤、努力思想，创造自己想要的人生，创造属于民族的光荣。

何必像诗人那样去叹息，“时光不会流逝，流逝的是我们”。人类的真正伟大之处，就在于可以通过不断的创造建立自己的文明，并在此基础上留住时间，留住我和我们。正因为此，古希腊文明面朝大海、春暖花开，至今闪着照人的光彩；正因为此，早在先秦时期破土而出的中国思想，无愧于成为哺育世界文明的精神源流。

今日中国，是正在走向更加开放的社会，是生龙活虎的社会。在此征程中，尽管必定会遭遇挫折、面临磨难，但只要我们有一颗不屈于发展的压力、不惧于前进的困苦的心，每个人都可以而且能够焕发出自己的青春与创造，为各自美好的前程，为创造一个知性而温暖的社会，为建设一个自由进步、理性宽容、法治和谐的国家，而不懈奋斗。凡此种种努力，这既关乎制度之上升，又关乎人之上升；既关乎社会再造，又关乎心灵重建。

阳光照在我们脸上，也照在我们心里，所有向善而敢于担当的门正敞开着。撩开历史的沙尘，可以断定，今天我们以怎样的目光注视过往的文明，未来的人们也将以怎样的眼光注视我们。生活在每一个时代里的每一个人，担负起自己的命运，就是担负起时代的命运，就是担负起人类的命运。

托克维尔说：“当过去不再照亮未来，人心将在黑暗中徘徊。”甘地说：“善，总是以蜗牛的速度前进。”显而易见，人类今日所取得的进步，始于一个聚沙成塔的过程。我们创造的一切，我们见证的文明，皆来自无数创造的累积。

这是转型期的中国，这是成长中的我们。总有一种温暖的力量，让我们心怀希望。那是人性的温暖，是文明的温暖，为我们留住逝去的又一年，留住过往的时间，留住我们卑微却尊贵的创造。所有的时代同路人啊，我们不仅走在雪地上，也走在时间里——时间在，希望永在；希望在，力量永在。

2008：从个体的权利与命运出发

2008 年元旦献词

合上日历，打开报纸。当我们挥手向 2007 年道别时，便已经知道，那已然逝去的一年，从它流逝的分分秒秒开始，便永不再与我们相逢。唯有与这一年相关的创造与记忆，可以让我们触摸到时间与历史的温度。

2007，非同寻常又一年。这一年，中共十七大胜利召开，《物权法》和《劳动合同法》出台了，“嫦娥一号”升空了，中秋节被纳入国家法定节假日。这一年，有人在富豪榜上风光无限，赚得盆满钵满，也有人继续失去土地，无家可归。这一年，上证指数一度冲破了 6000 点，猪肉也像是长了翅膀，领衔 CPI“飞”涨。

这一年，历史在平常人的现实生活里生根发芽。一天一个传奇，一天一段命运，互联网继续上演这个时代的戏剧。和往年纷纷扰扰的“互联网马戏”不同，2007 年的轰轰烈烈开始回到了具体的权利与价值本身，回到了万家灯火中的每一扇窗每一盏灯。种种光怪陆离的表象下面，是个体权利与个体命运日益成为社会关注的焦点与社会成长的出发点。

有些事会让人铭记于心。这一年，一篇名为“孩子被卖山西黑砖窑，400 位母亲泣血呼救”的帖子曾在网上流行，光天化日之下的恶行由此震撼每个人的心灵，良心上的风暴与相关问责的和风细雨，为我们见证了这个时代的精神底线，以及制度洼地。

每一位公民的命运就是时代的命运。2007 年不吝惜将它的荣耀献给所有捍卫自己权利的人。撩开时代的光鲜，365 天的悲欢离合，即使是寻常人的出场同样可以石破天惊。从重庆“史上最牛的钉子户”到厦门 PX 事件中以散步伸张权利的公民，每个人都可以成为时代的风云人物。你或许会惊讶，“只为小家”的想法与做法，在今天竟可以如此高贵而婀娜！这一切无不源于以人为本时代精神的觉醒：倘使权利不是建立在个体的具体权利之上，任何奢华远大的群体权利，都会因缺少根基而坍塌。毕竟，尊重人、解放人是时代之所需。

幸福才是硬道理。个体的抗争与社会的努力并非都像“最牛钉子户”一样以喜剧收场，因为有更多不为人知的“钉子户”还行进在维权的路上，他们更需要希望、祝福和力量。与此同时，以诽谤与妨碍公务为名兴起的因言获罪案，同样令人伤感。底层社会的遭遇是所有人的遭遇，随之而来的异口同声的批评，从另一侧面彰显了时代的进步——每个人都在他者身上看到了自己的权利，冷暖自知。

每个人都在改天换地，每一年都在承上启下。2007 年并非“孤单的一年”，它更是近 30 年中国社会解放的重要一环。尽管历史上的鸿篇巨制，时常给人“忽如一夜春风来，千树万树梨花开”的错觉，然而，文明从来不是因某个使命，在一夜之间长成，而是源于日常的欢喜与悲情，源于一点一滴的积累。草色遥看近却无，过往的文明历程之所以动人心魄，气势恢宏，就在于我们和它保持了一定距离，获得了宽广的视界。

从 1978 年开始的改革开放到 2008 年即将举行的奥运会，从一个坐标到另一个坐标，中国人用 30 年的时间，完成了高速的经济发展。不久前，美国《新闻周刊》在年终盘点中说：“对世界而言，则关乎中国。当奥运会最终揭开它的帷幕，中国将步入国际舞台的中心……”有目共睹的是，从 1978 年借力改革开放谋求“新新中国”至今，中国不仅基本摆脱了贫困，而且在 2007 年对世界经济增长的拉动幅度首度超过美国。不仅如此，从这一年开始，中国更加重视社会发展和人的权利，以弥补高速发展中带来的各种社会问题。

然而，必须承认的是，这一切成就的取得，莫不得益于 30 年来的另一个更重要的成长，即中国人个体权利观念的崛起，以及在自由环境下改造社会能力的崛起。如易卜生所说，社会犹如一条船，每个人都做好掌舵的准备。

改革开放，三十而立。只有在此历史背景下，我们方能更好地理解过去一年的中国，究竟有着怎样的挫折与奋进，怎样的沮丧与希望。它继续往年的喧嚣与坚持，继续在流行中沉淀与前行，继续在发展中孕育与超拔，已经陆续竖起的尊重生命、回归生活与保卫生态的旗帜，在 30 年改革开放的宏阔背景下奋力飘扬。而这即将展开的 2008 年，也必将在世界关注下，成为中国社会权利的新增长点，成为中国转型史上的关键一年。

2009，怀着希望前行

2009 年元旦献词

昔年往矣，有那么多不平凡。今天阳光温暖，站在 2009 年的门槛上，让我们说——别了，2008！

也许，时间才是我们唯一真实的居所。在刚刚逝去的一年里，我们已然见证太多。

这一年，中国向世界展示了它的成长与强大。巨灾面前，有无尽的人性光辉；守望相助，有政府的勉力而为，有民间社会的初步成长。而法新社日前评选出的 2008 年十大年度新闻，其中两个与中国有关，包括北京奥运和“神七”发射的成功。古老中华在世界文明体系中的坐标日益清晰，当代中国的精神与气质，在文明的交融中成长。

然而，抛开历史的宏大叙事，还有更多的人和事需要记忆。从年初隔断故乡的冰雪，到 5 月夺走数以万计生命的大地震；从揭开一个行业潜规则的“三鹿毒奶粉”事件到山西溃坝事件；从企业倒闭农民工失业返乡到股市从高位跌落……当你从年头踱到年尾，开始回望它时，恍惚之间，这 365 个日夜像一个世纪那样漫长，像一个人的一生那样充满波折。

2008 年是那样意味深长。这一年，国人经历了“废墟”的痛苦，体味了奥运的喜悦，也为改革开放寻到了一个新起点。这一年，不仅让中国人有机会庆祝改革开放进入而立之年，为改革竖起一个里程碑，它同样以其独特的纪念方式，向中国人展示未来改革之途的艰辛及任务之繁巨。

居安当思危，已经到来的 2009 年注定不会一帆风顺。金融海啸从华尔街席卷全球，国际货币基金组织（IMF）一度推测中国这个习惯了两位数增长率的世界第四大经济体，在 2009 年的 GDP 增长可能有较大跌幅。与此相关的是，中国经济结构的内在缺陷也让不少人开始担心中国经济增长是否也会因此放缓。全球经济衰退的前景尚未可知，民工大规模返乡潮和大学生就业困难等问题更是 2009 年需要面对的大考。

然而，预言不是证据，危言不是现实。我们曾经在苦难的废墟上一次次站起。即使苦难吞噬了阳光，黑暗侵蚀了生命，那些向上的人仍然会将希望留存心底。

生活没有幸福到一切都唾手可得，也没有绝望到人人都束手无策。如加缪所说，为了改变自然的冷漠，我们置身于苦难与阳光之间。苦难告诉我们世界并非十全十美，而阳光则使我们懂得过往的不幸并非一切——无论遭遇怎样的困苦挫折，人们依旧相亲相爱，生儿育女，谱写诗歌，创造雕塑。

生活还将继续。记住苦难，并不是对苦难怀旧，也不是为了宣示苦难有多强大，而是为了更好地省思过去，瞻望未来，是为了激起今天的斗志，以彻底告别苦难。

一位古希腊哲学家曾经劝诫尊贵的亚历山大王——“请别挡住我的阳光！”那个古典时代的美好故事不仅为后人区别思想与权力的界线，更向他们昭示一个亘古不变的道理，即生活在阳光之中是人类未竟的理想，也是人类走出艰难困苦的凭依。

生活还将继续。让我们怀念汶川那些失去的生命，怀念失去亲人仍背起自家冰箱赶路的人。雪落了，阳光还在；地震了，大地还在；经济危机了，创富的信念还在。苦难可以摧折鲜花，却从来不能赶走春天。这个新年的早晨，阳光照在你的脸上，也照在你的心里。愿所有人，借心中的希望为愿望加油，坚信没有什么可以阻挡阳光。

祝福你，为了一个美好的世界

2010年元旦献词

阳光摇曳树影，大街车水马龙，乡间空气清新。打开报纸，今天是2010年的第一天。无论是在故乡还是异乡，是在曲径还是通途，我们都要祝福你——祝你幸福快乐！

就在昨夜，也包括现在，你一定收到了许多祝福，它们温馨动人。也许，一句祝福很简单，然而，在这样的冬天，我们是那么需要用祝福暖身。祝福不只是一声简单的问候，也不只是人类宝贵的文明传承，它还包括了我们对这个时代的所有主张，即每个人都有追求幸福自由的权利。

过去的一年，渐行渐远；新的一年，匆匆启程。回想已然过去的一年，对于幸福，每个人都有自己的感受。大则言之，这一年，国家至上者在“60周年”看到了国家的繁盛，权利至上者在唐福珍、张海超、孙中界身上看到了民众维权的艰辛。这一年，体认时代新陈代谢者欣喜于公民“韩寒”们的崛起，重视体制内改造者乐见“城市拆迁条例”将被废除；这一年，关注经济发展者看到了中国的成功“保八”，关注社会稳定者动容于乌鲁木齐“7·5事件”与石首事件；这一年，关注城市者无不惊叹中国的房价又一次崛起，关注农村者观望新型农村社会养老保险开始试点；这一年，关注新词者让“杯具”被制造与流行，关注网络者看到了网络扫黄和网络整顿风暴；这一年，关注民主进程者看到了城乡终于“同票同权”，关注狱务公开者看到了“躲猫猫”……可谓几人欢乐几人愁。

不同的视角和处境，会得出不同的结论。因为这种不同，灰心丧气者，不妨耐心观察那些承载希望的种子，看它们如何撑破大地，哲人说，即使含泪的时候也不要忘记播种，这样才有希望含笑收获；信心充盈者，也请在登高仰望时别忘俯瞰大地，体察脚下的现实，知道这个国家还需要跨越怎样的难关，知道权力与权利之间有着怎样的纠结，知道化解隔阂要付出多大的努力。

然而，新闻只是生活的一部分，媒体关注的并非时代的全部。又毕竟，许多人的生活完全在公共视线之外。过去的一年，我们所看到的只是时代的切片，它们也许带有时代的印记，但并不等同时代本身。那些被冠以“焦点”的新闻、长篇累牍的讨论、网络上的喧嚣，都只是对时代的断章取义。更何况，严格意义上说，你在媒体上看到的世界，都是已经消失的世界；我们要进入的世界，永远是下一秒。一个人幸福不幸福，只有自己知道，只有自己才是最后的判断者。

可以肯定的是，无论大家怎样取景过去的2009，从城市到乡村，从国家、社会到个人，或悲或喜，人们的共识还在。即，每个人都向往一个幸福、自由的世界，一个安全有保障的世界，一个公民因付出努力和汗水，可以获得公平报偿的世界，一个公民的房屋不会被无端非法摧毁的世界，一个公民不会因言被“跨省追捕”的世界，一个权力为权利服务的世界，一个大家平时多流汗可以避免流血的世界，一个不懈于日常点滴改进的世界，一个崇尚正义与宽容、不积聚怨恨的世界，一个人人有希望、有事做、有人爱的世界。只有这样的时候，我们才可以当之无愧地声称，自己生活在一个美好时代。

岁尾年关，许多媒体和读者在寻找“年度人物”。其实，对每个人来说，你自己才是真正的年度人物。任何年度人物，都不足以展现时代的命运；相反，只有把每个人的命运加起来，才能拼成一个完整的中国的命运，聚合时代的风云。

祝福你，2010年的第一天，我们在幸福大街为你祝福，祝你在新的一年里能够获得幸福、感受快乐——以人类亘古未移的伦理情谊，以我们共同期许的美好时代之名义。

所有努力，只为中国离未来更近一点

2011 年元旦献词

时光流逝，欢喜哀愁，又是一年。

告别 2010，进入 2011，不要伤感于时光流逝，慨叹韶华易老，我们只是离未来更近了一点；不要以为大功告成，因为旧年的成绩裹步不前，我们也只是离未来更近了一点。未来千万里，还有好长的路需要你我亲自去量。

春播，夏种，秋收，冬藏。回首 2010 年，看起来与往年并无大不同，但是，变化就在不知不觉中。如果你感受不到这种变化，不妨给自己一点时间感。

100 年前中国还有凌迟；50 年前中国还在喊万岁；40 年前中国还在“破四旧”30 年前中国还不许家庭舞会；20 年前中国还在争论“姓社姓资”；15 年前中国还没有普及互联网；10 年前中国还有收容遣送条例；5 年前中国还没有物权法；两年前中国还没有微博；一年前中国还没有通过城乡居民选举“同票同权”；半年前中国还没有《让子弹飞》；几小时前的中国，新修订的《工伤保险条例》还没有正式生效……

虽然还有许多不公平、非正义的事情在发生，让我们良心难安，甚至备感羞耻，但是无论如何，这个社会正在进步。今天，新的一年开启，中国又站在新的路口上，中国必定会向前走。

2010 年，世博、亚运给这块古老的土地带来了惊奇，经济的高速发展也让国际社会持续瞩目；2010 年，不乐见的悲剧也时有发生，不容忽视的矛盾未见消解。从舟曲泥石流到上海大火，从校园杀童案到宜黄拆迁自焚，从巨大的通胀压力到屡调屡涨的房价，面对这种种问题与乱象，即使是一个衣食无忧的人也会寝食难安。当然你也可以说，这个时代并不缺少真相，缺少的正是诚心诚意的推进、货真价实的改变。

这一年，社会以其特有的节奏继续生长，新的事物继续孕育与诞生。这一年，网络科技继续重构人们的观念与生活。这一年中国的脉搏，不是统计报表上的GDP指数，也不是夜空中徐徐飘落的礼花与焰火，而是互联网上数以亿计的转帖、140字的微博。这一年，人们不忘默契与坚守，继续期待围观成就社会，默契改变中国。

这个社会会好吗？身处转型时期的中国，人们常常在心底追问。人是社会的一部分，社会也是人的一部分。我们无法不关心社会，正如我们无法不关心自己。既然有那么多人在关心这个社会，为自己的权利打拼，为共同的福祉努力；有那么多人勤勉于当下，努力于今朝，修行于日常；有那么多人在过程中尽心尽力，这个社会就一定会有一个美好的前程。

“菩萨畏因，凡夫畏果”，我们每天都在改造这因，自然也会收获那果。我们每天多一点努力，就会离未来更近一点，离我们期许的世界更近一点。

萧伯纳说，“我希望世界在我去世的时候，要比我出生的时候好”。虽说每一代都有每一代的当务之急，但我们所有的努力，不都是为了获得这样一份欣慰吗？

我们要提到一个人。2010年的最后一天，作家史铁生离开了我们。这位“诚心诚意的漂泊者”，一个“职业生病，业余写作”的人，带着他关于生命的追问，走向另一段旅程。他是那么坚强，以至于在他离去的时候我们竟然没有理由悲伤。对于所有认真生活的人，爱惜生命的人，致力于丰富人生、改良社会的人，我们只有诚挚的相惜与敬意。

让我们心平气和怀着期待迎接新的一天，新的一年。2011，之于国家，就要迈入“十二五”，各种宏图已经渐次展开，民生工程将要开张，民富也不再是奢谈而是目标；之于个人，为了生计和前途，必然还要继续在田间劳作，在职场打拼。该去的无人能拦，该来的终究要来。

早安，2011年。虽然今天天寒地冻，阳光依旧照进窗台。美好年华，送往迎来，每一天都在灰飞烟灭，每一天也都在革故鼎新。过去的一年，将到的一年，我们所有的努力，都只为自己更自由与幸福，为社会更开放与开阔，为中国离未来更近一点。

你的努力，就是这个国家的方向

2012年元旦献词

今日，新年第一天。我们遇见昨日之明日，我们来到了久违的2012。

阳光依旧温暖，生活仍在继续。过去几年间，总会有人谈起2012，谈起传说中惊世骇俗的玛雅历法与世界末日，谈到拯救人类的“避难船”。然而，正如地图不是世界本身，这个世界没有因为某个文明的历法缺失而停止，也从来不缺有关光明或者黑暗的传说，但它们都不是现实本身。

走进2012，我们从“想象中的灾难”，走进现实的喜怒哀乐、跋山涉水、柴米油盐。

回想过去一年，新旧更替，荣耀与悲伤同在。有人说地球已经转入“振动模式”——不仅有了“阿拉伯之春”，有了日本大地震，有了欧债危机，有了伦敦骚乱，有了“占领华尔街”，还有了俄罗斯的“反普京”潮……在中国，有经济冷热，有通胀起落，有了千万套保障房开工建设，有了房价进入拐点，有了个税起征点提高，也有了动车事故，有了“郭美美”，有了“黑监狱”，有了瘦肉精……

但是，过去一年乃至更漫长的历史中，无论环境如何变化，人们总会抱着一些共同的善良的愿望，坚定如常——希望这个世界变得更美而不是更丑；希望生活变得更好而不是更坏；希望国家变得更有希望而不是避而不谈；希望空气多些清新，社会少些戾气。

今年有了微博的勃兴，这个国家越来越像是一个社区，越来越多的人在网上像邻居一样生活。嘘寒问暖，相互救济。网络之外，也有纷争但不是混乱。从大连到乌坎，种种博弈的背后，是中国重整价值聚合共识重新出发，是中国人有了更多精神上的追求——要面包，更要玫瑰；要生活，更要美好生活。

为了可以期许的未来，为了可以安居的现在，从天堂回到故乡，从星空回到大地，从虚幻回到真实，告别抽象的幸福，中国人对于美好生活的守卫与追求日益具体。房价何时落到可以承受的水平？牛奶何时能够放心喝下？孩子在学校能否有免费午餐，上学路上能否不遇车祸？当老人倒在大街，谁能受良心驱使去扶起他们，而不是对可能的危险夸大其辞？当民意积聚，如何让权力运行于阳光之下？冲突来临时，卷入其中的各方能否守住共同的底线，坐下来“有事好好说”？

围观继续改变中国，也改变着围观者与被围观者。不容忽视的是，网上的媒体聚焦与公民聚集只能解决极小一部分问题。正如上涨的潮水不能托起海底的船只，这种聚焦与聚议并不能为社会营造一个底线。现实是，网络之外，有很多的人期待关注，也有很多的“沉没声音”等待打捞。他们的贫穷、苦难甚至遭遇的不公，需要一个“制度安全阀”，而不只是围观者散兵游勇的救济、顾此失彼的热忱。

严冬渐去，新春将至。积极生活的人知道如何控制意义。所以，雪莱说“冬天来了，春天还会远吗？”杜布切克说“你可以摧毁花朵，却不能阻挡春天”。你若是向往光明，黑暗的唯一意义就只在于衬托光明；你若为追求美好世界而生，你的一生便已在美好世界之中。公平、正义、平等、透明、开放、理性、良善、美好……这一切我们对未来的期许，其实就取决于我们自己。

为美好世界，为美好生活，也请相信时间。时间会毁灭一切，也会成就一切。如果3月播种，9月将有收获，焦虑的人们就不需要在4月守着土地哭泣，伤感自己一无所获。土地已经平整，种子已经发芽，剩下的事情交给时间。春生夏长，秋收冬藏，四时无私而自行。让万物生长，让社会生长，大自然从未失信于人，它的信用足以给你我以信心。

让我们拥抱新的一年吧。所有的人，无论此刻你身处何方，在新的一年以及将来的年年，请带着自己的期许去生活，去努力。你的努力，就是这个国家的方向。你的价值观，构成了这个国家的价值观。你是大地，你是时间。你是你所期许的国家，你是即将来到的日子。

敬畏理想，相信未来

2013 年元旦献词

旧年永逝。在光明与黑暗之间，我们以各自的方式，见证了 2012 年 365 个日日夜夜，更一起活过了“世界末日”，生活无需太多离奇。只要活着，总可以轻而易举地拆穿任何一个花枝招展的骗局。

早安，新年；早安，泪珠与欢笑。这样的早晨，每个人都期待一些祝福的话。在你向亲朋好友表达祝福时，也别忘了祝福自己：做一个幸福的人，敬畏理想，相信未来。无论世界还有多少不公与不义，有多少危机与“末日”，无论还需要怎样的改变，我们仍然要选择——相信未来。

相信未来，用改变走向未来。也许一路上繁花似锦，也许更多的是艰辛的航程，这一切都不重要。重要的是，未来与美好人生须臾不可分离。

从封闭走向开放，因为这个国家已经受太多的苦难与彷徨。30 余年的变革，中国社会已经心明眼亮，没有谁能继续漠视民意，没有谁再愿意为欺世盗名者买单。选择相信未来，就选择了不回到过去，就选择了相信变革，相信隧道尽头是光亮、江河归处皆宽阔。

“改革是最大的红利”，“宪法的生命在于实施”。让权力回归原位，让权利一视同仁；让有产者有恒产，让无力者有尊严。一成不变、固步自封的国家没有未来，改革才能抵达公平正义的彼岸。选择相信未来，就是选择了一个长远的打算。春天来了，聪明的人不会徒劳无功地修补冰河上的裂缝，而是要造一艘驶向春天的航船。

选择相信未来，就要把握今天。有责任心的人会给自己一个时间与历史的维度。今天我们如何看待过去，未来也会如何看待今天。无论你做什么，不做什么，做多做少，做好事做坏事，历史终会公正评价一切。它超越现实，不委曲求全，不势力逢迎。

这个社会，虽然有“表叔”、“房叔”、“房妹”在招摇，但浅薄的功利主义并没有淹没一切，平凡的人们依旧坚守信念。选择相信未来，就选择了相信头顶的理想与心中的道德。不要用“全民腐败”等“泛腐败论”去概括，那些弯下腰劳动、抬起头做人的劳动者，不要以“集体自污”毁坏这个时代的道德资源。这片土地上，并不缺少只追求简单、正直的幸福的人民，他们的声音，理当被倾听，他们的见解，理当被珍视。

选择相信未来，就要珍爱我们的孩子，让他们远离恐惧。过去一年，倾斜的校车、夺命的垃圾箱让多少人肝肠寸断。类似悲剧足以让我们警醒。孩子，是明天的希望，教育，是社会进步的原动力，今天给孩子一个好的现在，重塑自由、公平、释放人性的教育，明天孩子就能还我们一个好的未来。

有梦想就去追。一个大学生，自己动手造了一架小飞机，竟然成功飞上了天。选择相信未来，就选择了相信现在，就选择了相信社会关于未来的、脚踏实地的创造。任何未来都生长于今天。做一个辛勤的人，但不要日日忙于浇水，却忘了为未来播种。无论是美好社会，还是美好人生，都始于平常一点一滴的努力。

转型社会，自有千沟万壑需要跨越。哪怕时代不如你所愿，仍旧要坚定心中的信念。改变自己，改变身边。孟子说，“待文王而后兴者，凡民也；若夫豪杰之士，虽无文王犹兴。”不要等到美好社会来临，才决心做一个美好的人。

不在美好年代，就在去美好年代的路上。每个日子都是平等的，每个日子都在承上启下、破旧立新。2013年的第一天，以春天的名义，我们选择相信未来，同样选择相信这样一个事实：真正的自由，不在于你能决定生活在怎样的地方，而在于你能选择过一种你所信奉的走向美好的生活。

有请春天

2013年新年献词

所有关于春天的故事里，人民永远是一切宏大叙事的主体，一种具体而微的观照。冬日的寒酷终将隐退，春日的温润已在召唤。一切愿望，只在手中；一切道路，只在脚下。

北方还在冰雪覆被之中，南方也在迎来新一轮雨雪天气。大地沉穆而含蓄，万物引而未发，然而一切早已暗中发生：立春已过，旧历除夕的钟声与春天的讯息相互呼应，仿佛心照不宣。

有请春天，有请花朵与明媚，新绿与美好。当一元复始，阳光破空而至，的确没有哪一种严寒不被大地化解，没有哪一种阴霾不被阳光刺破。这不是季节的隐喻，而是不可逆变的自然法。如果你曾感知过那被寒冬肃杀的生机，那么请你珍惜被春风鼓荡的笑语欢声。如果你曾感知过冰面下的激流，那么请你热爱每一朵自由开放的浪花。

有请春天，有请亲情与团圆，有请使人民幸福安详、岁月静好的力量。行走于大地之上，温暖于人民之中。我们早就认定，在所有关于春天的故事里，人民永远是一切宏大叙事的主体，一种具体而微的观照。

那些在岁末的风中如候鸟般回归的人们，你们好吗，新一年的漂泊饱含怎样的愿望？那些辛劳了一年又将整装待发的人们，你们好吗，一个大国的行动在怎样点燃你的梦想？那些依然留守的儿童，已经失独的家庭，那些被贫穷与疾病所困厄，以及正遭受各种损害的人们，你们好吗，你们不容回避的存在是我们今天一再逼问“这个世界会好吗”的理由。

面朝人民，春暖花开。那些居于庙堂之高的人们，愿你们心安；那些处于江湖之远的人们，愿你们安心。

有请春天，就像改革有请开放，正义有请公平，尊严有请法治。这是为了改革的开放，亦是为了开放的改革。这是为了公平的正义，亦是为了正义的公平。这是为了法治的尊严，亦是为了尊严的法治。一辆开往春天的列车，这是不可偏离的轨道。

抵达春天，抵达常识与价值。那仍旧沉睡的，必将被唤醒；那早已开始的，也远未结束。这是不可阻挡的规律，无须赞美的回归。春天的中国，仍有滞重，仍有倒寒，但宪政与权利时代的愿景，必然像春风一样温暖，像春雨一样滋润，像春光一样不可限量。

有请春天，就像自由有请心灵，梦想有请光荣。以我的心灵去感知你的自由，也以我的梦想成就你的光荣。中国梦时代，就像大国的隆隆前行总是对应于个体的感受一样，那些身家细微的悲欢中同样有着山河恢宏的故事。

头顶的星空不会消失，心中的道德律一直都在。絮翻蝶舞之际，总有面向未来的心思浩渺；料峭春风之中，也总有艰难困苦玉汝于成。冬日的寒酷终将隐退，春日的温润已在召唤。一切愿望，只在手中；一切道路，只在脚下。这是可以实现的春天。

有请春天，有请国泰民安，风调雨顺；有请伟大的时代，亲爱的人民。